BIGAME

COMÉDIE EN TROIS ACTES

Représentée pour la première fois, à Paris, sur le théâtre du PALAIS-ROYAL, le mercredi 3 mars 1886.

Imprimerie générale de Châtillon-sur-Seine. — A. PICHAT.

PAUL BILHAUD & ALBERT BARRÉ

BIGAME

COMÉDIE

EN TROIS ACTES

PRIX : **2** FRANCS

PARIS

LIBRAIRIE THÉATRALE

14, RUE DE GRAMMONT, 14

1886

BIGAME

COMÉDIE EN TROIS ACTES

DE MM.

PAUL BILHAUD & ALBERT BARRÉ

PARIS
LIBRAIRIE THÉATRALE
14, RUE DE GRAMMONT, 14

—

1886
Droits de reproduction, de traduction et de représentation réservés.

PERSONNAGES

COLARDIN.........................	MM.	DAUBRAY.
GRINCHON		PELLERIN.
FERNAND GIRARDOT................		CALVIN.
SATURNIN.........................		RAIMOND.
RAIDILLON, juge de paix		RENÉ LUGUET.
PAVILLON, maître d'hôtel............		MONVAL.
MARCEL..........................		MAUDRU.
MÉDÉRIC, garde champêtre.........		BOUCHET.
SOPHIE	Mmes	MATHILDE.
JULIA		DINELLI.
LÉONIE		BERTHOU.
JAVOTTE.........................		ELVEN.

De nos jours.

———————

S'adresser, pour la mise en scène exacte et détaillée, à M. René Luguet, régisseur général, au théâtre du Palais-Royal.

BIGAME

ACTE PREMIER

— Un salon. —

A gauche, premier plan, porte de la chambre de Sophie ; — deuxième plan, cheminée avec glace ; — troisième plan, porte de la chambre de Léonie.

A droite, premier plan, porte de la chambre de Colardin ; — deuxième plan, contre le mur, table ; — troisième plan, porte de la salle à manger.

En scène, deuxième plan à gauche, guéridon avec chaises de chaque côté ; deuxième plan à droite, chaise.

SCÈNE PREMIÈRE

JAVOTTE, puis PAVILLON.

JAVOTTE, seule à gauche. Elle est en train d'ôter les housses qu'elle plaçe sur le guéridon.

Voilà bien des idées de M. Colardin ; faire enlever les housses des meubles parce que sa fille se marie ! S'il y avait plusieurs demoiselles dans la maison, ça ne serait pas tenable, une place comme ça ! Dix heures

1

et quart ! Dépêchons-nous pour voir défiler la noce.

PAVILLON, entrant du fond un papier à la main.

Mademoiselle Javotte?

JAVOTTE.

C'est vous, monsieur Pavillon?

PAVILLON.

Oui, je suis très ennuyé. En plaçant les invités, pour le déjeuner dînatoire, je me suis aperçu qu'il manquait deux dames, alors, je suis accouru, pour...

JAVOTTE.

Qu'est-ce que ça fait?

Elle gagne la droite avec les housses qu'elle dépose sur la table.

PAVILLON.

Comment? Mettre trois messieurs les uns à côté des autres, à table! Jamais je ne me suis permis... et cependant, depuis quinze ans, toutes les noces de Verpajoux se font chez moi, à la Licorne bleue, j'entends les noces qui se respectent, et vous voulez que... (Regardant son papier.) Il n'y a pas à dire, il me manque deux dames.

JAVOTTE.

Faites-moi inviter.

PAVILLON.

Vous, leur bonne! Il en manquerait encore une.

JAVOTTE.

Dame! Je n'y peux rien!

PAVILLON.

On a peut-être oublié quelqu'un. Si je pouvais parler à monsieur ou à madame Colardin?

JAVOTTE.

Vous n'y pensez pas, au moment d'aller à la mairie; ils sont en train de s'habiller.

PAVILLON.

C'est très ennuyeux.

JAVOTTE, regardant au fond.

Voici M. Saturnin, le garçon d'honneur, adressez-vous à lui.

Elle emporte les housses par la porte de droite, troisième plan.

SCÈNE II

LES MÊMES, SATURNIN.

SATURNIN, entrant par le fond.

Ouf! Depuis ce matin je ne fais que courir! Je n'en puis plus! Quelle corvée!

PAVILLON*.

Monsieur Saturnin?

SARURNIN.

Tiens! Vous n'êtes donc pas à vos fourneaux, Pavillon?

PAVILLON.

J'ai quelque chose à vous demander.

SATURNIN.

Encore une course à faire? Merci!

PAVILLON.

Non, c'est pour le placement des invités.

SATURNIN.

Ah! bon, du moment où il n'y a pas à marcher, laissez-moi m'asseoir!

Il s'assied à gauche.

* Saturnin, Pavillon.

PAVILLON.

Voici la chose : il me manque deux dames.

SATURNIN.

Ah! Il vous manque... Vous ne sauriez croire, Pavillon, combien ça m'est égal!

PAVILLON.

Vous êtes bien le garçon d'honneur?

SATURNIN, se levant.

Ne me rappelez jamais cela!

PAVILLON.

Cependant...

SATURNIN.

Oui, je suis le garçon d'honneur, quand, au contraire, je devrais être... (Pleurant.) Ah! Pavillon, vous ne savez pas ce que l'on souffre en voyant le cœur qu'on aime donner sa main à un autre!

Il pleure sur l'épaule de Pavillon.

PAVILLON, l'éloignant doucement.

Voyons, ne pleurez pas comme ça, vous abîmez mon paletot.

SATURNIN.

Ce sont des larmes de l'âme, ça ne tache pas!

PAVILLON.

Il ne s'agit pas de cela. Nous disons, la mariée au milieu.

SATURNIN.

Sera-t-elle bien, au moins?

PAVILLON.

Je crois bien, le dos à la cheminée.

SATURNIN.

Pas de courants d'air surtout?

PAVILLON.

La cheminée ne tire pas.

SATURNIN, avec âme.

Ah ! tant mieux !

PAVILLON.

De l'autre côté, je ne dis pas, entre deux portes.

SATURNIN, vivement.

Mettez-y le marié !

PAVILLON.

Naturellement, c'est la coutume.

SATURNIN.

Oh ! sainte coutume ! Alors, entendu, le marié...
Mais j'y pense, ils vont se voir.

PAVILLON.

Bien sûr, puisqu'ils sont en face l'un de l'autre.

SATURNIN.

Je ne veux pas de ça ! Il faut mettre quelque chose
au milieu de la table, un petit kiosque, par exemple,
avec des réclames... ça ne vous coûtera rien !

PAVILLON.

Il y a déjà un biscuit de Savoie énorme.

SATURNIN.

Oui, mais on le mangera votre biscuit.

PAVILLON.

Non, il est en carton.

SATURNIN.

En carton ! Grand homme ! Et la table est-elle large
au moins ?

PAVILLON.

Cinq pieds.

SATURNIN.

Cinq pieds! quel bonheur! Ils ne pourront pas se marcher sur les leurs. (Pleurant.) C'est que vous ne savez pas ce que l'on souffre, en voyant le cœur...

PAVILLON.

Mais si:... (Désignant son habit.) Tenez, ce n'est pas encore sec! (Reprenant.) A côté de la mariée...

SATURNIN.

Le garçon d'honneur, moi!

PAVILLON.

C'est impossible, ce n'est pas la coutume.

SATURNIN.

C'est idiot ces vieilles coutumes! Mettez-moi au moins à côté de la cheminée; j'éviterai le courant d'air.

PAVILLON.

Soit, continuons.

SATURNIN.

Oh! maintenant, arrangez le reste comme vous voudrez, ça m'est égal.

PAVILLON.

Me voilà aussi avancé qu'avant.

SATURNIN.

Allez, Pavillon, allez... Et surtout, je vous recommande ma cousine! C'est la dernière fois que j'ai le droit de m'occuper d'elle, (Pleurant.) et vous ne savez pas, vous, ce que l'on souffre en voyant...

Javotte rentre par la droite.

PAVILLON.

Je vous assure que si. (A part.) Il va me noyer! (Haut.) C'est égal, il me manque toujours deux dames.

Il sort par le fond.

SCÈNE III

SATURNIN, JAVOTTE, puis COLARDIN,
puis SOPHIE.

SATURNIN.

Ah ! que cette journée va me sembler longue !

JAVOTTE.

Eh bien ! M. Pavillon a-t-il trouvé ses deux dames ?

SATURNIN.

Je m'en moque pas mal ! (Avec sentiment.) Il n'y en a
qu'une qui m'intéresse !

JAVOTTE.

Ah ! laquelle ?

SATURNIN.

Ça ne vous regarde pas, mademoiselle !...

COLARDIN, dans la coulisse.

Saturnin ! Saturnin !

SATURNIN.

Je ne répondrai pas.
Il va s'asseoir près de la table. Javotte sort à droite, troisième plan.

COLARDIN, entrant de droite. Il est en robe de chambre *.

Saturnin ! Ah ! te voilà ! Qu'est-ce que tu fais là ?...
Tu te reposes ?

SATURNIN.

J'essaye !

COLARDIN.

Un garçon d'honneur ! C'est honteux ! Tu sais où
demeure mon bottier ?

* Saturnin, Colardin.

SATURNIN.

Oui, au bout de la ville... par là.

COLARDIN.

Cours chez lui tout de suite.

SATURNIN.

Il doit être fermé.

Il se lève.

COLARDIN.

Allons donc! A dix heures du matin! Tu lui récla-
meras mes bottines vernies, il me les faut tout de
suite; tu comprends, si le père de la mariée n'avait
pas de bottines, qu'est-ce qu'on dirait dans la ville?

SATURNIN.

En voilà un préjugé!

COLARDIN.

Dépêche-toi.

SATURNIN.

Oui, mon oncle.

SOPHIE, entrant de gauche. Elle est en peignoir [*].

Ah! Saturnin, mon petit Saturnin.

SATURNIN, à part.

Ma tante! Encore une course!

SOPHIE.

Tu serais bien gentil d'aller chez ma modiste, mademoiselle Clarisse, tu sais bien?

SATURNIN.

Oui, à l'autre bout de la ville, par là... Mais ça ne
sera peut-être pas encore ouvert.

SOPHIE.

A cette heure-là? Tu es fou! Elle te donnera mon

[*] Sophie, Saturnin, Colardin.

chapeau; je l'ai renvoyé hier pour faire changer la plume. Tu comprends, je ne peux pas aller à la mairie...

SATURNIN.

Sans chapeau? Mon Dieu, qu'ils ont donc des préjugés dans ma famille!

COLARDIN.

Va d'abord chez mon bottier.

SOPHIE.

Non, chez ma modiste.

SATURNIN, remontant.

Je vais commencer par les deux.

Il sort par le fond.

COLARDIN.

Par mon bottier d'abord.

SCÈNE IV

COLARDIN, SOPHIE.

SOPHIE.

C'est ridicule d'attendre à cette heure-là pour demander ses bottines; tu seras en retard.

COLARDIN.

Mais non, mais non.

SOPHIE.

C'est ton habitude, d'ailleurs.

COLARDIN.

Ah! Sophie, tu n'es pas juste... Je ne t'ai jamais fait attendre...

1.

SOPHIE.

Avec ça!... Tiens, le jour même de notre mariage, tu n'en finissais pas, nous avons failli manquer le train.

COLARDIN, tendrement.

Ça ne m'a pas empêché d'être père.

SOPHIE.

C'est ça, attribue-t-en tout le mérite.

COLARDIN.

Calme-toi. D'ailleurs, Fernand n'est pas encore là.

SOPHIE.

Ton gendre? Il a dû aller au-devant de son ami Marcel qui arrive ce matin, par l'express.

COLARDIN.

Tu vois bien, je ne serai pas le dernier. Et puis, il y a aussi le cousin Grinchon, de Pont-l'Évêque, qui n'est pas arrivé.

SOPHIE.

Oui, parlons-en. Je me demande quelle idée tu as eue d'inviter une pareille ganache.

COLARDIN.

Grinchon, une ganache! Il est vice-président d'une société vinicole.

SOPHIE.

Tu vois, il n'a même pas pu être président. Tu as voulu sans doute le remercier de ne pas vous avoir invités à sa noce, l'année dernière.

COLARDIN.

Un oubli.

SOPHIE.

Un oubli? Nous sommes ses seuls parents. Tiens, tu n'as pas de dignité pour deux sous.

COLARDIN.

Mais si, et, pour prouver à Grinchon que j'ai son procédé sur le cœur, je lui ai simplement écrit ces deux mots : « Espèce de sauvage, je marie ma fille le 13 septembre, viens si tu veux. » Avec une invitation pareille...

SOPHIE.

J'espère bien qu'il ne viendra pas.

COLARDIN.

Moi aussi, sans cela je ne l'aurais pas invité, mais je tenais à lui faire cette politesse, parce que Fernand et Léonie, en faisant leur voyage de noces, peuvent passer par Pont-l'Evêque; ils descendront chez Grinchon, ça leur économisera un hôtel: il faut penser à tout dans la vie.

SOPHIE.

Encore une de tes idées, ce voyage de noces.

COLARDIN.

Ça se fait dans le grand monde.

SOPHIE.

Nous sommes dans le commerce, nous.

COLARDIN.

Raison de plus pour imiter la haute société. Voyons, nous disons : Mariage à onze heures, déjeuner vers une heure, et après, vers cinq heures, une petite sauterie pour dissimuler le départ des mariés. Et en route pour le petit voyage! (Mouvement de Sophie.) Ah! n'en médis pas, il a du bon, le petit voyage. Sophie, ne sois pas ingrate, rappelle-toi le nôtre. Et puis, ça hâte l'intimité, ça rompt la glace, avec les hôtels, le chemin de fer, les tunnels, surtout les tunnels .. Tiens, entre autres, celui de...

SOPHIE, pudiquement.

Inutile! Je me souviens...

COLARDIN.

A la bonne heure! voilà comment j'aime à te voir.

Il se dirige vers sa chambre.

SOPHIE, se dirigeant vers la sienne.

C'est égal, il est dur de se séparer de sa fille aussi brusquement.

COLARDIN, s'arrêtant.

Attends au moins qu'ils soient mariés, pour parler de séparation... (Revenant en scène.) D'ailleurs tu n'as pas toujours tenu ce langage et le jour de notre mariage...

SOPHIE, revenant en scène.

Oui, mais à ce moment-là je n'étais pas mère.

COLARDIN.

Heureusement!

SOPHIE.

Et un mari ne remplace pas une mère.

COLARDIN.

Il ne l'essaye même pas... Et puis, ça dépend des situations... Sous le tunnel, par exemple...

SOPHIE.

Pourvu qu'elle soit heureuse!

COLARDIN.

Sous le?...

SOPHIE.

Non... Qu'est-ce qu'il a donc avec son tunnel?... Non, dans son ménage.

COLARDIN.

Est-ce que tu ne l'as pas été, toi?

SOPHIE.

La belle raison! Aujourd'hui l'éducation a fait tant de progrès, les jeunes filles sont plus exigeantes.

COLARDIN.

Je te réponds de Fernand, ce sera un époux excel·
lent. D'ailleurs il a fait ses preuves, il est veuf, c'est
une garantie.

SOPHIE.

` Tu trouves, toi?... Un homme qui a déjà perdu une
femme ! Ma pauvre fille !

COLARDIN.

Qu'est-ce que ça signifie? Je la connaissais sa pre·
mière femme, je t'en ai parlé, je les ai vus ensemble
à Cabourg; Fernand était aux petits soins pour elle.
Léonie sera très heureuse.

SCÈNE V

Les Mêmes, MARCEL, puis FERNAND.

JAVOTTE, accourant du fond.

Monsieur, v'là M. Marcel Aubry !

Elle sort quand Marcel est entré.

COLARDIN *.

L'ami de notre gendre. Soyez le bienvenu. Vous
n'avez donc pas rencontré Fernand? Il est allé vous
chercher à la gare.

MARCEL.

Nous nous serons croisés.

COLARDIN.

Il va revenir.

SOPHIE.

Vous nous surprenez dans nos derniers préparatifs.

* Sophie, Marcel, Colardin.

MARCEL.

Je serais désolé de les interrompre.

Il veut remonter.

COLARDIN, le retenant.

Mais non, à son âge, ça n'a plus d'importance.

SOPHIE.

A mon âge ?

COLARDIN.

Non, je voulais dire, à notre âge ! (Apercevant Fernand) Voici Fernand.

FERNAND, entrant, à Marcel *.

Ah ! te voilà. Par où as-tu donc passé ?... (A Colardin et à Sophie.) Je vous présente...

COLARDIN.

C'est fait. (Examinant Fernand qui est en habit.) Ah ! ah ! vous êtes déjà prêt, vous, mon gaillard, c'est bien, cela !

SOPHIE.

Vous êtes même en avance.

FERNAND.

Belle-maman, l'amour n'a pas le droit de retarder.

COLARDIN.

Il a raison. Moi, ce jour-là, j'avais mis mon habit à six heures du matin, et je ne l'ai ôté que...

SOPHIE, pudique.

Edmond, vous allez trop loin.

COLARDIN.

Tu veux me flatter.

FERNAND.

Et mademoiselle Léonie ?

* Sophie, Marcel, Fernand, Colardin.

SOPHIE.

Elle finit de s'apprêter. (A Colardin) Tu devrais bien l'imiter.

COLARDIN.

Ah! encore!

FERNAND.

Madame Colardin a raison, il est dix heures et demie, et dans une demi-heure...

SOPHIE.

Il ne sera pas plus avancé.

COLARDIN.

Ah! tu m'ennuies à la fin... Eh bien! je vais m'habiller, ça lui fermera le bec!

SOPHIE, furieuse.

Le bec! (A Marcel.) Il a dit le bec!

MARCEL, vivement.

Je n'ai pas entendu.

Il remonte à gauche derrière le guéridon.

FERNAND.

Nous vous laissons.

SOPHIE.

Non, restez, c'est nous qui nous retirons.

Elle se dirige vers sa chambre.

COLARDIN, bas, à Fernand.

Vous savez, après le déjeuner, vers cinq heures, je pique un cavalier seul, pour détourner l'attention et, pendant ce temps, vous filez avec Léonie.

FERNAND.

Entendu, merci!

SOPHIE, se retournant.

Non, il n'ira pas s'habiller!... Qu'est-ce que vous dites là, tout bas?

COLARDIN.

Rien, je lui donnais quelques conseils, et il me répondait qu'il n'en avait pas besoin. (A Fernand, en lui tapant sur le ventre.) Ah! ah! heureux gaillard!

SOPHIE.

Colardin, tu es trop familier avec notre gendre.

COLARDIN.

Pas du tout, ça le met à son aise.

FERNAND.

Sans doute.

SOPHIE, allant à Fernand.

Vous l'aimerez bien, n'est-ce pas?

COLARDIN.

Si tu crois qu'il va te dire le contraire!

SOPHIE.

Edmond, tu es cynique!

COLARDIN.

Et toi, tu n'es pas habillée!

SOPHIE.

J'y vais. Et ce Saturnin qui ne revient pas!
Elle sort à gauche premier plan.

COLARDIN, se dirigeant vers la droite.

C'est vrai!... Je ne peux pourtant pas aller à la mairie en pantoufles!... Je vais toujours passer mon habit. (se retournant.) Ah! dites-moi, Fernand, tout est prêt à la mairie?

FERNAND.

Absolument tout.

COLARDIN.

Vous n'avez rien oublié?

FERNAND.

Je ne le crois pas,... l'acte de naissance... le...

COLARDIN, frappé d'une idée.

Ah! (Lui prenant la main.) Je vous demande pardon de faire allusion à ce sujet pénible, mais... l'acte de décès de votre première femme?

MARCEL, qui s'est approché.

De sa première...

FERNAND, vivement.

Sans doute, ma première femme... l'acte de décès... tu sais bien... C'est toi qui me l'as envoyé.

MARCEL.

Moi?...

FERNAND, bas.

Tais-toi donc! (Haut, à Colardin.) Je l'ai remis moi-même.

COLARDIN.

C'est parfait.

MARCEL, à part.

Comment, il est veuf et il ne me prévient pas!

COLARDIN.

A tout à l'heure! (Lui tapant sur le ventre.) Ah! ah! n'est-ce pas que ça vous met à votre aise?

FERNAND.

Sans doute... Ça me coupe bien un peu la respiration, mais ça me met à mon aise tout de même.

COLARDIN.

Ah! ah! Il est très gai!... Il me plaît beaucoup. A tout à l'heure, mon gaillard!...

Il entre dans sa chambre.

SCÈNE VI

FERNAND, MARCEL *.

FERNAND.

Quelle bonne pâte de beau-père !... le cœur sur la main.

MARCEL.

Et la main sur le ventre.

FERNAND.

Sa fille est adorable, ça me suffit.

MARCEL.

Maintenant que nous sommes seuls, tu vas m'expliquer, j'espère, comment, depuis quand, et de qui tu es veuf ?

FERNAND.

Chut !... J'étais allé au-devant de toi à la gare pour te mettre au courant. Je me marie pour la première fois, mais tout le monde ici me croit veuf.

MARCEL.

Allons donc !

FERNAND.

Ah ! mon ami, c'est toute une histoire.

MARCEL.

Peut-on la connaître ?

FERNAND.

C'est simple et bête comme tout. (Ils s'asseyent près du guéridon à gauche.) Tu sais, ou tu ne sais pas, que j'ai fait la connaissance de M. Colardin, il y a deux ans à Cabourg.

* Marcel, Fernand.

MARCEL.

Je ne savais pas.

FERNAND.

C'était la fin de la saison, peu de baigneurs, beaucoup de pluie, aussi, pour égayer un peu mon séjour,
j'avais emmené une amie.

MARCEL.

Intime ?

FERNAND.

Tout ce qu'il y a de plus intime : Julia.

MARCEL.

Julia ?

FERNAND.

Tu ne l'as pas connue. Une charmante fille, gaie
comme un pinson, amoureuse comme une chatte et
distinguée comme une duchesse.

MARCEL.

Enfin, un rêve !

FERNAND.

Avec d'adorables réveils. Et, pour éviter les ennuis
que suscitent toujours ces situations irrégulières,
nous nous étions fait passer pour mari et femme.

MARCEL.

Oh ! oh !

FERNAND.

Ça se fait tous les jours et c'est très commode.

MARCEL.

Mais bien dangereux.

FERNAND.

A qui le dis-tu ? Un matin, nous rencontrons
M. Colardin qui, comme nous, s'ennuyait sur la plage :
nous nous désennuyons à trois, et, après quinze jours

d'une intimité charmante, il quitta Cabourg en me faisant jurer d'aller le voir à Verpajoux... avec ma femme, bien entendu.

MARCEL.

Et tu as juré ?

FERNAND.

Parbleu ! Ça ne m'engageait à rien. Un an se passe, et je ne pensais plus à M. Colardin, pas plus qu'à Julia que j'avais...

MARCEL.

Lâchée ?

FERNAND.

Toujours l'histoire du pâté d'anguille; lorsqu'il y a deux mois, le hasard des affaires m'amène dans cette ville, et naturellement, la première personne que je rencontre, c'est...

MARCEL.

M. Colardin.

FERNAND.

Tu l'as dit — Vous ! s'écrie-t-il — Moi ! — Vous veniez me voir, j'espère ? Je réponds oui par politesse, il m'invite à dîner, j'accepte...

MARCEL.

Et il te demande des nouvelles de ta femme.

FERNAND.

En me reprochant de ne pas l'avoir amenée avec moi. Tu comprends mon embarras, je cherche une raison.

MARCEL.

Tu la trouves ?

FERNAND, se levant.

C'est lui qui me la fournit. (Marcel se lève.) Il me prend tout à coup la main : « Mon pauvre ami ! Je comprends... Elle n'est plus, n'est-ce pas ? » Je ne le détrompe pas, à quoi bon ? Ah ! si j'avais prévu l'avenir!... Il me présente à sa femme, à sa fille,... une fille charmante... tu la verras tout à l'heure.

MARCEL.

Il te présente comme veuf ?

FERNAND.

Ce qui m'oblige à raconter comment je le suis devenu. Je patauge, je barbote, ça passe pour de l'émotion, tout le monde s'attendrit...

MARCEL.

Toi aussi.

FERNAND.

Moi aussi... J'avais fini par croire que c'était arrivé. Ça me rend intéressant, je plais aux parents, je m'éprends de la fille et j'épouse dans une heure. Voilà.

MARCEL.

De sorte qu'ici tu passes pour un mari...

FERNAND.

Seconde édition.

MARCEL.

En somme, cela ne t'ôte pas de tes qualités.

FERNAND.

Je crois bien, mon beau-père prétend que ça m'en donne.

MARCEL.

Pourquoi, depuis, ne leur as-tu pas avoué la vérité ?

FERNAND.

Eh ! mon cher, il était trop tard. Je ne pouvais plus leur dire : Je me suis fichu de vous!... car il n'y a pas, je me suis fichu d'eux.

MARCEL.

C'est un peu vrai.

FERNAND.

Ils auraient été furieux et capables de reprendre
leur parole... surtout ma belle-mère c'est elle qui
avait répandu le plus de larmes sur la mort de Julia.

MARCEL.

Mais comment vas-tu faire à la mairie?

FERNAND.

Ne t'inquiète pas, j'ai tout prévu, la chose est arran-
gée.

MARCEL.

C'est égal, il me semble que j'aurais préféré, moi...

FERNAND.

Toi, toi, parce que tu n'aimes pas leur fille ! Du
reste, j'ai bien l'intention de tout leur expliquer une
fois marié, c'est plus prudent. (Voyant entrer Saturnin.)
Mais attention, voici un ennemi.

MARCEL.

Ce petit monsieur?

FERNAND.

Le cousin traditionnel.

MARCEL.

Doublé d'un rival?

FERNAND.

Parbleu ! Il me déteste cordialement. Tu vas voir.

SCÈNE VII

Les Mêmes, SATURNIN, avec des paquets.

SATURNIN, descendant.

Je jure bien que c'est la dernière commission que je
fais, par exemple !

FERNAND, allant à lui *.

Comme vous voilà changé, monsieur Saturnin.

SATURNIN, rageur.

Dites tout de suite que j'ai l'air d'une bête de somme !

FERNAND.

Il n'y a pas de comparaison.

SATURNIN.

Je le pense bien, monsieur !

FERNAND.

Je profite de l'occasion pour vous remercier de tout
le mal que vous vous donnez pour mon mariage.

SATURNIN, digne.

Il n'y a pas de quoi : j'accomplis un devoir, rien de
plus.

FERNAND, bas, à Marcel.

Tu vois ! (Haut, à Saturnin, désignant les paquets.) Qu'est-
ce que vous tenez donc là ?

SATURNIN.

Ça ne vous regarde pas. Ce sont des affaires de famille.

MARCEL, bas, à Fernand.

Il est réussi.

FERNAND.

Vous avez raison, monsieur Saturnin, ça ne me regarde pas... encore.

SATURNIN.

Monsieur !... (Il manque de laisser tomber ses paquets.) Oh !
ça glisse !...

FERNAND, tirant sa montre.

Onze heures moins dix, les voitures doivent être là,
je vais voir. (A Marcel.) Viens-tu, Marcel ?

                    Ils sortent par le fond.

* Saturnin, Fernand, Marcel.

SCÈNE VIII

SATURNIN, puis COLARDIN et SOPHIE.

SATURNIN, seul.

J'ai eu tort de me retenir, j'aurais dû lui flanquer les bottes de mon oncle dans les gencives. (Tout en parlant, il frappe à la porte de Colardin qui ouvre.) Mon oncle, voici vos bottines.

Il lui tend un paquet.

COLARDIN, le prenant.

Ce n'est pas malheureux!

Il rentre.

SATURNIN.

Je leur sers de domestique, ma parole d'honneur. Pour un peu, ils me feraient laver la vaisselle.

SOPHIE, entrant.

C'est toi? Enfin !

Elle prend l'autre paquet.

COLARDIN, entrant, un chapeau de dame à la main *.

Voilà ce que tu me rapportes de chez le bottier?

SATURNIN.

Je me suis trompé de paquet.

Il échange les paquets.

COLARDIN.

Si je suis prêt à temps, ce ne sera pas de ta faute. Allons, bon, voilà mon nœud de cravate défait. Bobone, refais-le moi.

* Sophie, Saturnin, Colardin.

SOPHIE, essayant son chapeau devant la glace de la cheminée.

Je n'ai pas le temps, mon ami.

COLARDIN.

Oh ! les femmes ! Tiens, Saturnin, tu n'as rien à faire, toi.

SATURNIN, à part.

Valet de chambre, maintenant !

Il ajuste la cravate de Colardin.

COLARDIN, se retournant.

J'ai une épingle dans le dos qui me pique dans le cou... fais attention.

SOPHIE, à Saturnin.

Saturnin, est-ce que mon chapeau est droit ?

SATURNIN, à part.

Et puis modiste, ça va bien !

COLARDIN.

Mais oui ! Mais oui ! (Il se retourne face à Saturnin.) Et puis quand tu le mettrais un peu de travers aujourd'hui... On ne marie pas sa fille tous les jours.

SATURNIN, tressaillant et serrant la cravate de Colardin.

Oh ! ce mariage !

CODARDIN, criant.

Aïe ! aïe ! Tu m'étrangles ! Qu'est-ce qui te prend donc ?

SATURNIN.

Mon oncle, pendant que je vous tiens là, par le cou, permettez-moi une question : Croyez-vous qu'elle sera heureuse ?

COLARDIN.

Qui ça ?

SATURNIN.

Ma cousine.

2

COLARDIN, lui tournant le dos.

Mais oui, tu m'ennuies !

SOPHIE, descendant, à Saturnin.

Saturnin, viens arranger ma plume... elle s'est dé-frisée... Comment la trouves-tu ?

SATURNIN.

Trop gaie.

Il arrange la plume.

SOPHIE.

Trop gaie ?

COLARDIN, à part, regardant ses bottines.

J'ai peut-être eu tort de les prendre vernies, elles paraissent plus petites que les autres.

SATURNIN.

Ma tante, pendant que je vous tiens là, par la tête, permettez-moi une question : Croyez-vous qu'elle sera heureuse ?

COLARDIN.

Encore ? Ah ! ça, c'est un tic que tu as.

SATURNIN.

C'est qu'au moment où Léonie va nous quitter...

SOPHIE, s'attendrissant.

Ma pauvre enfant !

SATURNIN, vivement.

Vous voyez, vous avez des regrets... mais il est encore temps.

COLARDIN.

Qu'est-ce que tu nous chantes là ?

SATURNIN.

Il est toujours temps d'éviter une bêtise. Fernand, vous ne le connaissez que depuis peu, tandis que moi...

SOPHIE, à Colardin.

Il a peut-être raison, qu'en dis-tu?

COLARDIN.

Je dis que tu es folle et que Saturnin est idiot, voilà ce que je dis. (Regardant l'heure.) Onze heures moins cinq. Diable, dépêchons-nous !

Il entre dans sa chambre.

SCÈNE IX

SATURNIN, SOPHIE, LÉONIE.

SATURNIN.

Enfin, ma tante s'il arrive quelque chose, vous pou vez compter sur moi (Voyant entrer Léonie par le troisième plan à gauche.) Ah ! ma cousine !

Il remonte un peu vers la gauche.

LÉONIE.

Dis donc, maman... bonjour, Saturnin... Je ne trouve pas mon bouquet de fleurs d'oranger.

SOPHIE.

Il est dans la chambre de ton père (Poussant un cri.) Ah ! pourvu qu'il ne se soit pas assis dessus, en mettant ses bottines !

Elle sort vivement à droite, premier plan.

SCÈNE X

SATURNIN, LÉONIE *.

SATURNIN, qui est redescendu, touchant le bras de Léonie.

Rassurez-vous. (Il tire un bouquet de la poche intérieure de son habit.) Le voilà.

* Saturnin, Léonie.

LÉONIE, le prenant.

C'est vous qui l'aviez ? Ah! il est tout aplati !

SATURNIN, avec âme.

Les battements de mon cœur ! (A part.) J'ai eu tort de faire mes courses avec. (Haut.) De mon cœur qui vient vous crier, comme Cassandre sous les murs de Troie : Léonie ! (Changeant de ton.) Ce n'est pas possible, vous n'épouserez pas ce Fernand, un homme qui a un passé déplorable.

LÉONIE.

Que voulez-vous dire ?

SATURNIN, avec dédain.

Un veuf !

LÉONIE.

Mais s'il a perdu sa femme, ce n'est pas de sa faute.

SATURNIN.

Qui sait ? Il y a des exemples, sans remonter à Barbe-Bleue, un récidiviste.

LÉONIE.

Vous êtes fou.

SATURNIN.

Avec ça ! Vous n'avez donc pas remarqué son trouble, son embarras, chaque fois qu'il a été question de sa première femme ?

LÉONIE.

Si, mais je comprends que ce soit pour lui un sujet pénible.

SATURNIN.

Il n'y a que les choses qui laissent des remords qui sont pénibles.

LÉONIE.

Je vous défends de dire du mal de mon mari.

SATURNIN.

Votre mari! Mais vous le détestez!

LÉONIE.

Par exemple!

SATURNIN.

Si, si!... seulement vous ne vous en rendez pas compte, voilà tout... Avouez, avouez que vous en aimez un autre.

LÉONIE.

Un autre? qui donc?

SATURNIN, simplement.

Moi.

LÉONIE, riant.

Vous? Pas du tout.

SATURNIN.

Si, si!... seulement vous ne vous en rendez pas compte, voilà tout. Dites un mot, un seul, et je cours à la mairie donner contre-ordre.

Il remonte.

LÉONIE, le retenant.

Pas du tout. En voilà une idée! Est-il drôle ce Saturnin; ce n'est pas un crime d'épouser un veuf.

SCÈNE XI

LES MÊMES, FERNAND *.

FERNAND, entrant par le fond, à Léonie.

Ah! vous voilà !

* Saturnin, Léonie, Fernand.

LÉONIE.

M. Fernand.

SATURNIN, à part.

Lui !

FERNAND.

Comme vous êtes charmante !... (Lui prenant les mains.)
Permettez-moi de vous répéter tout ce que mon cœur...

SATURNIN, à part.

Son cœur !... Tais-toi, le mien !

Il remonte.

LÉONIE.

Vous partez, Saturnin?

SATURNIN.

Oui, les derniers préparatifs...

FERNAND, d'un air dégagé.

C'est ça, allez.

SATURNIN, avec dignité.

C'est un devoir, rien qu'un devoir. (Bas, à Léonie.)
Souvenez-vous de Barbe-Bleue !

Il sort le fond.

FERNAND, à part, le suivant.

Bon voyage !

LÉONIE, à part, songeuse.

Barbe-Bleue ?

FERNAND, redescendant *.

Ce cher Saturnin, je crois que nous nous lierons dif-
ficilement... Mais parlons de vous... Laissez-moi

_____
* Fernand, Léonie.

vous regarder, vous admirer... Qu'avez vous? Vous
paraissez préoccupée?

LÉONIE.

Je voudrais vous adresser une question.

FERNAND.

Laquelle? (Elle se tait.) Eh bien?

LÉONIE.

C'est que... c'est très difficile.

FERNAND, souriant.

Tant que cela?... Je vous aiderai.

LÉONIE.

C'est... c'est à propos de votre première femme.

FERNAND, ahuri.

De ma?...

LÉONIE, vivement.

Cela vous fâche? J'en étais sûre.

FERNAND.

Du tout! (A part.) Il ne manquait plus que ça!...
(Haut.) Seulement, ma chère Léonie, vous comprenez
que j'étais loin de m'attendre... (A part.) En voilà une
tuile!... (Haut.) Dans un pareil moment!...

LÉONIE.

Ce n'est pas convenable?

FERNAND.

Si, si, mais à quoi bon rappeler?... Ne pensons qu'à
vous...

LÉONIE.

Pourquoi avez-vous toujours évité de m'en parler?

FERNAND.

A vous?... C'est bien simple, je n'y ai pas pensé...
c'est-à-dire...

LÉONIE.

Vous avez craint de me déplaire?

FERNAND.

Précisément !

LÉONIE.

Pourquoi? N'était-ce pas me donner confiance en l'avenir que de me parler du passé?

FERNAND.

Ah! non, par exemple! (A part.) Ça n'a pas de rapport.

LÉONIE.

Non?

FERNAND, à part.

Détournons! Détournons! (Haut, en la faisant asseoir près du guéridon.) Voyons, j'ai le bonheur de me trouver seul avec vous... dans un instant, les voitures vont arriver...

LÉONIE.

Vous l'aimiez beaucoup, n'est-ce pas?

FERNAND.

Oui, je vous adore.

LÉONIE.

Mais elle?

FERNAND.

Qui elle?... ah!... (Indifférent.) Oh! mon Dieu!

LÉONIE.

Non?

FERNAND.

Si, si, je l'aimais... Je l'aimais moins que vous.

LÉONIE.

Autrement, n'est-ce pas, vous ne l'auriez pas épousée?

FERNAND, avec feu.

Certainement non, je ne l'aurais pas épousée, si je ne vous aimais pas autant que je... (A part.) Qu'est-ce que je dis? Qu'est-ce que je dis?... (Haut.) Voyons, nous perdons là notre temps à des bêtises.

LÉONIE, se récriant.

Oh!

FERNAND.

Pardon, je voulais dire... (Changeant de ton.) Je vous le répète, ma chère Léonie, ce n'est pas le moment, nous reprendrons cela plus tard, je vous le promets...

LÉONIE, se levant.

Ta, ta, ta, ta, plus tard vous trouverez de mauvaises raisons pour refuser à votre femme ce que vous n'oserez refuser à votre fiancée. Dites-moi... elle était jolie?

FERNAND, qui s'est levé, avec dédain.

Oh! peuh!

LÉONIE, appuyant.

Elle était très jolie, la figure fine, l'air distingué.

FERNAND, étonné.

Qui a pu vous dire?

LÉONIE.

Je l'ai vue.

FERNAND, stupéfait.

Vous l'avez vue? Où ça?

LÉONIE.

Du moins, son portrait.

FERNAND.

Son portrait?

LÉONIE.

Oui, une photographie que papa a rapportée de Cabourg.

FERNAND.

De Cabourg? (A part.) Jamais Julia ne s'est fait pho-
tographier à...

LÉONIE.

Une vue du Casino et de la plage, avec des baigneurs. Vous êtes au premier plan, à droite.

FERNAND.

Moi?

LÉONIE.

Vous, et cette dame, et papa.

FERNAND.

M. Colardin?

LÉONIE.

C'est pour cela qu'il a acheté la photographie.

FERNAND, à part.

C'est absurde! On devrait interdire aux photo-
graphes...

LÉONIE.

Papa dit que c'est très ressemblant.

FERNAND.

Oh! oh! des personnages grands comme ça, on ne
peut pas distinguer.

LÉONIE.

Si, à la loupe; et c'est ainsi que je puis vous parler
de... De quoi est-elle morte?

FERNAND.

De rien.

LÉONIE.

Comment, de rien?...

FERNAND.

C'est-à-dire... d'une affection de cœur.

LÉONIE.

Elle a dû bien souffrir !

FERNAND.

Elle y était habituée. (A part.) Ça devient impossible ! (Haut.) Je vous en prie, laissons cela.

SCÈNE XII

Les Mêmes, SOPHIE.

SOPHIE, entrant de droite, deuxième plan *.

Je n'y comprends rien ; j'ai tout bouleversé, je ne
trouve pas ce bouquet.

FERNAND, à part.

Elle arrive à propos.

SOPHIE, regardant Léonie.

Mais tu l'a .

LÉONIE.

Oui, maman.

FERNAND, à part.

Je demanderai à mon beau-père de me rendre le
Casino de Cabourg.

SATURNIN, entrant, d'un air lugubre **.

Les voitures sont en bas.

FERNAND.

Alors, partons.

SOPHIE, à Léonie.

Et ta mantille ? Comment, tu n'as pas de mantille ?

* Fernand, Léonie, Sophie.
** Fernand, Saturnin, Léonie, Sophie.

LÉONIE.

Oh ! ma mantille ! Je l'ai laissée dans ma chambre.

SATURNIN.

Je vais la chercher.

Il se dirige vers la gauche.

FERNAND, l'arrêtant.

Pardon, si vous le permettez...

SATURNIN.

Je suis le garçon d'honneur.

FERNAND.

Eh bien, restez-le.

Il sort à gauche, troisième plan.

LÉONIE.

Et papa ?

SOPHIE.

Il n'en finit pas de s'habiller. (criant.) Edmond ! Edmond !

COLARDIN, dans la coulisse.

Hein ! quoi ?

SOPHIE.

Qu'est-ce que tu fais donc ?

COLARDIN, de même.

Je lutte !

SOPHIE.

Comment, tu luttes ?

COLARDIN, de même.

Oui, avec mes bottines !

LÉONIE.

Dépêche-toi, papa !

SOPHIE, avec résolution.

Attends un peu, je vais l'aider, moi !

Geste de menace.

LÉONIE.

Ah ! maman, pas aujourd'hui, j'y vais moi-même.
Papa, vite, nous sommes en retard.

Elle entre chez Colardin.

SCÈNE XIII

SOPHIE, SATURNIN, GRINCHON, JULIA,
puis MARCEL.

SOPHIE.

Vraiment, Colardin est assommant avec ses len-
teurs !

SATURNIN.

Je ne trouve pas, moi. (A part.) Ça retarde l'heure du
sacrifice.

JAVOTTE, entrant par le fond.

Il y a là un monsieur et une dame qui demandent à
vous parler.

GRINCHON, entrant vivement avec Julia.

Pas besoin, la bonne, pas besoin de nous annoncer,
nous sommes de la maison.

SOPHIE, remontant pendant que Saturnin passe à droite.

Le cousin Grinchon !

GRINCHON.

Lui-même, en personne. Comment ça va ?... Toujours
fraîche, embrassons-nous.

Il l'embrasse. Javotte sort par le fond *.

SOPHIE, se défendant.

Mon chapeau ! mon chapeau !

* Julia, Grinchon, Sophie, Saturnin.

3

GRINCHON, sans comprendre.

Gardez-le, il ne me gêne pas.

SATURNIN, à part.

Ce qu'on s'embrasse aujourd'hui, c'est horrible !

JULIA, à Grinchon.

Tu pourrais, au moins, me présenter.

GRINCHON.

Tiens ! oui, vous ne vous connaissez pas. (Présentant.) Ma femme. Elle est gentille, hein ?

JULIA, souriant.

On ne vous demande pas ça.

GRINCHON.

C'est vrai que ça se voit.

JULIA.

Je suis très heureuse, madame, de cette occasion de...

GRINCHON, faisant passer Sophie près de Julia *.

Embrassez-vous donc ! Les parents, c'est fait pour s'embrasser.

JULIA.

Avec plaisir.

Elles s'embrassent.

SATURNIN, à part.

Encore ?

GRINCHON.

Et le marié ? (Apercevant Saturnin.) Le voilà !

SATURNIN, avec un soupir.

Non, ce n'est pas moi !

SOPHIE, descendant.

Vous ne le reconnaissez pas, c'est mon neveu Saturnin.

* Sophie, Julia, Grinchon, Saturnin.

GRINCHON.

C'est vrai ! Ça va bien, mon garçon ? Dire que je l'ai vu pas plus haut que ça... Était-il assez laid, quand il était petit.

SATURNIN, vexé.

Hein ?

GRINCHON.

Il est bien conservé.

SATURNIN, à part.

Butor, va !

GRINCHON, à Sophie.

Et votre mari ? Et la petite cousine ?

SOPHIE.

Ils finissent de s'apprêter. (A Saturnin.) Va dire à ton oncle que le cousin Grinchon est arrivé.

SATURNIN.

Oui, ma tante. (A part.) Je vais prendre du vulnéraire.

Il entre chez Colardin.

GRINCHON, à Julia.

Tu vois que nous aurions eu le temps de manger un morceau à l'hôtel.

SOPHIE.

Vous êtes descendus à l'hôtel ?

JULIA.

Oui, je ne voulais pas, pour la première fois que je venais...

GRINCHON.

Moi, je voulais débarquer chez vous, sans façons, à la bonne franquette, nous n'avons pas à nous gêner avec vous.

JULIA.

C'est égal, c'était plus convenable.

SOPHIE.

Nous aurions été ravis... (A part.) Elle est très bien, cette jeune femme.

JULIA.

Nous sommes installés à *la Licorne Bleue*.

SOPHIE.

C'est là où se fait la noce.

GRINCHON.

Eh bien ! tant mieux, nous n'aurons pas loin à aller pour nous coucher. Figurez-vous que nous avons failli ne pas venir. J'hésitais à cause d'une bâtisse qui me donne du tintouin !

JULIA.

Ça n'intéresse pas madame.

GRINCHON.

Il m'arrive une affaire !... Ma jambe étrière qui se crevasse !

SOPHIE, souriant.

C'est triste, mais nous sommes un peu pressés.

Julia remonte avec Sophie.

GRINCHON, les suivant.

Au moment des travaux, je dis à l'entrepreneur : Vous savez, là-dessus, il faut me flanquer une meulière un peu soignée !

SOPHIE.

Sur votre jambe ?

GRINCHON.

Sur ma jambe.

JULIA.

Tu nous raconteras cela demain.

SOPHIE.

D'autant plus que nous sommes déjà en retard.

GRINCHON.

Non, j'ai le temps. Et savez-vous ce qu'il me colle dans ma jambe étrière ? De la caillasse ! De la mauvaise caillasse !

SOPHIE, à part.

Il est assommant ! (A Julia.) Vous ne voulez pas passer dans ma chambre ?

JULIA.

Avec plaisir, ma robe est pleine de poussière.

GRINCHON.

Oh ! moi, la poussière !

Il s'époussette avec son mouchoir.

SOPHIE, ouvrant la porte du premier plan de gauche.

Je vais vous conduire.

JULIA.

Merci !

Elle sort avec Sophie.

GRINCHON.

Là, me voilà reluisant !

MARCEL, rentrant par le fond.

Les voitures sont arrivées. Je crois qu'il serait temps de... (Regardant partout.) Où sont-ils ?

GRINCHON, continuant sa conversation*.

Figurez-vous que cet animal-là... (Il se trouve en face Marcel). Ah ! c'est vous le marié ?

MARCEL.

Non, je suis son ami.

_____
* Marcel, Grinchon.

GRINCHON.

Ça ne fait rien, il n'y a pas d'affront, les amis des amis... Ça va bien?

Il lui serre la main.

MARCEL.

Ça ne va pas mal... (A part.) Il me connaît? Je ne l'ai jamais vu.

SCÈNE XIV

LES MÊMES, FERNAND, puis COLARDIN, LÉONIE JAVOTTE.

FERNAND, entrant *.

Voici la mantille.

MARCEL.

Tu sais que les voitures sont en bas.

GRINCHON, à part, apercevant Fernand.

Encore un invité. (Haut.) Vous ne pourriez pas me dire où est le marié?

FERNAND, riant.

C'est moi.

GRINCHON.

Eh bien! Je m'en doutais. (Lui tendant la main.) Enchanté, jeune homme.

FERNAND.

A qui ai-je l'honneur...?

GRINCHON.

Grinchon, le cousin Grinchon de Pont-l'Évêque.

* Marcel, Fernand, Grinchon.

FERNAND.

Parfait, parfait. (A Marcel.) Il paraît que j'ai de la famille à Pont-l'Evèque.

GRINCHON.

Et ça va bien ? (Il lui serre la main.) Ça ira encore mieux ce soir.

FERNAND.

Vous êtes bien aimable. (A part.)   C'est un type !

GOLARDIN, dans sa chambre.

Ce n'est pas possible ! Qu'est-ce que tu me dis là ?

Il entre suivi de Léonie *.

GRINCHON.

Enfin ! le voilà !

GOLARDIN.

Grinchon !

GRINCHON, lui serrant la main.

Moi-même.

GOLARDIN, à part.

Elle est raide, celle-là !

GRINCHON, à Léonie **.

Bonjour, cousinette ! (Il l'embrasse.) Est-elle gentille !

GOLARDIN, à part, regardant ses bottines.

Il n'y a pas à dire, elles sont plus petites que les autres.

GRINCHON, à Fernand.

Vous permettez ?...

GOLARDIN, à Grinchon.

Et ta femme, tu ne l'as pas amenée ?

* Marcel, Fernand, Grinchon, Golardin, Léonie.
** Marcel, Fernand, Grinchon, Léonie, Colardin.

GRINCHON.

Si, elle est là !... elle se brosse... des idées de femme,
quoi !...

COLARDIN.

Je voudrais cependant bien la connaître, car tu es
un animal, tu ne nous as pas invités à ton mariage.

GRINCHON.

Tu sais, j'ai cru que ça vous obligerait, il faisait si
chaud.

JAVOTTE, entrant par le fond.

Madame, monsieur, tout le monde attend.

Sophie rentre.

FERNAND.

Partons, partons.

SOPHIE, paraissant à gauche *.

Madame Grinchon n'est pas prête.

GRINCHON.

Ça ne sera pas long.

LÉONIE.

Papa, nous sommes en retard.

COLARDIN.

Allons-y ! (A part.) Cristi ! que j'ai mal aux pieds !
Il offre son bras à Léonie. Ils remontent et sortent.

FERNAND, offrant son bras à Sophie.

Belle-maman...

SOPHIE, prenant le bras de Fernand, à Grinchon.

Vous nous rejoindrez à la mairie avec votre femme.

GRINCHON.

Entendu !
Il accompagne Sophie qui sort au bras de Fernand, Marce
sort derrière eux.

* Marcel, Sophie, Fernand, Grinchon, Léonie, Colardin, Javotte,
au fond.

SATURNIN, entrant par la droite, à part.

Je n'ai pas trouvé de vulnéraire. (Voyant partir la noce.) Ah! voilà le moment. Je dois être livide.

> Il baisse la tête vers le sol.

JAVOTTE, descendant *.

Qu'est-ce que vous faites donc, monsieur Saturnin, vous avez perdu quelque chose?

SATURNIN.

Non, je me fais monter le sang à la tête, pour cacher ma pâleur.

GRINCHON, lui tapant dans le dos.

Eh bien! quoi donc, mon garçon, ça ne va pas?

SATURNIN.

Ce n'est pas dans le dos que je souffre, (se frappant la poitrine.) c'est là!

GRINCHON.

L'estomac? Faut soigner ça!

JAVOTTE.

Pauvre M. Saturnin! Du courage!

SATURNIN.

Je ne trouve qu'une bonne pour me plaindre!

> Il sort par le fond.

SCÈNE XV

GRINCHON, JAVOTTE **.

GRINCHON, à Javotte qui va pour sortir.

Un instant, jeunesse, un instant.

* Grinchon, Saturnin, Javotte.
** Grinchon, Javotte.

3.

JAVOTTE.

Monsieur ?

GRINCHON.

Pendant que ma femme s'apprête, apporte-moi donc...

JAVOTTE.

Une brosse ? Bien, monsieur.

Elle veut remonter.

GRINCHON, la retenant.

Mais non, mais non... Qu'est-ce qu'ils ont donc tous à se brosser dans ce pays-là ?... apporte-moi... Le cousin a-t-il du vin un peu propre ?

JAVOTTE.

Oui, monsieur, on m'en a fait monter ce matin du plus vieux. Il y a surtout du Moulin à vent.

GRINCHON.

Ah ! ah ! Eh bien ! apporte-m'en une bouteille.

JAVOTTE.

Bien, monsieur !

Elle veut remonter.

GRINCHON, la retenant.

Attends donc ! Apporte-moi aussi un morceau de quelque chose.

JAVOTTE.

Monsieur a faim ?

GRINCHON.

Non.

JAVOTTE, étonnée.

Ah ! (A part.) Est-ce pour emporter à la mairie ?

Elle sort à droite, troisième plan.

GRINCHON, seul.

Non, je n'ai pas faim. Seulement j'ai promis à ma

femme de ne jamais boire entre mes repas, sans manger... Alors quand j'ai soif, je mange, et quand je
mange je bois; comme ça, j'ai la paix. La paix dans
le ménage, je ne connais que ça. Et, ma foi, je n'ai
pas à me plaindre, j'ai eu la chance de tomber sur la
femme que je désirais : gentille, vertueuse, de l'éducation, ce qui me complète, et pas de famille ; l'oiseau
rare, quoi !

JAVOTTE, rentrant avec un plateau qu'elle dépose sur le guéridon.

Voilà... Monsieur aime-t-il le poulet froid ?

GRINCHON.

Non. (Javotte va pour reprendre le poulet.) Mais ça m'est
égal... Il est là, ça me suffit.

Il se verse à boire.

JAVOTTE, étonnée.

Ah !

GRINCHON.

A la tienne ! (Il boit.) Oh ! oh ! Il est comme toi, le
Moulin à vent, il est jeune... Pour toi, c'est une qua-
lité, mais pour lui...

JAVOTTE.

Monsieur n'a plus besoin de moi ?

GRINCHON.

Non.

JAVOTTE, à part.

Je vais voir les toilettes !

Elle sort par le fond en courant.

SCÈNE XVI

GRINCHON, JULIA, puis COLARDIN.

GRINCHON, buvant.

Hum ! hum ! Ce n'est pas du Moulin à vent, ça, c'est du moulin à eau.

JULIA, entrant de gauche, premier plan.

Me voici !... Comment, tu es attablé ?

GRINCHON.

Je t'attendais.

JULIA.

Tu es seul ?

GRINCHON.

Ils sont partis à la mairie. La mariée est très gentille, le marié aussi.

JULIA, remontant vers la porte du fond.

Allons les rejoindre.

GRINCHON.

Tout de suite.

Il se verse à boire.

JULIA.

Dépêchons-nous donc.

GRINCHON.

Nous avons le temps ; nous les rattraperons à l'église. D'ailleurs pourvu que nous arrivions pour le déjeuner...

JULIA, redescendant à gauche, en passant derrière le guéridon.

Ah ! pour la première fois que tu me présentes à ta famille !

GRINCHON.

Eh bien ! allons !

Il se lève et boit pendant que Julia va à la glace arranger son chapeau.

GOLARDIN, entrant par le fond sans voir Grinchon ni Julia, à part *.

Satanées bottines ! Je n'y tiens plus ! Enfin ils sont mariés, et pendant qu'ils vont à l'église, je viens mettre mes vieilles.

Il se dirige vers la porte de droite, premier plan.

JULIA, se retournant, à Grinchon qui se verse encore à boire.

Es-tu prêt ?

GOLARDIN, se retournant.

Comment si je [suis prêt ? (Apercevant Julia, à part.) Hein ? quoi !... que vois-je !... C'est une erreur !

JULIA, à part, regardant Colardin.

Je ne me trompe pas, ce monsieur ?...

GOLARDIN, à part.

La première femme de Fernand !

JULIA, à part.

Le monsieur de Cabourg ! Ici !

GOLARDIN, à part.

C'est bien elle ! vivante ! alors mon gendre !... C'est affreux !

GRINCHON, posant son verre.

Là... ça y est... (Apercevant Colardin.) Tiens, voilà le cousin, déjà ?

JULIA, à part.

Son cousin ! Ah ! mon Dieu !

GRINCHON, à Colardin.

Ah ! bien, tiens, je te présente ma femme.

* Julia, Grinchon, Colardin.

COLARDIN, passant au milieu *.

Ta... (A part.) Sa femme ?... Il ne manque plus que ça !

Il défaille.

GRINCHON.

Qu'est-ce qui lui prend ? Colardin !... Colardin !...

Il va à droite tirer le cordon de sonnette.

JULIA, à part.

Pourvu qu'il ne parle pas de Cabourg à Grinchon.

COLARDIN, à part, tombant sur la chaise près du guéridon.

Bigame ! mon gendre est bigame !

Il s'évanouit complètement pendant que Grinchon revient vers lui.

* Julia, Colardin, Grinchon.

Rideau.

ACTE DEUXIÈME

Un salon à l'hôtel de *la Licorne bleue.*

A gauche, premier plan, porte; — deuxième plan, petite table contre le mur avec chaise devant; — troisième plan, en pan coupé, entrée ouverte.

A droite, premier plan, porte de l'appartement de Julia; — troisième plan, en pan coupé, entrée ouverte.

Au fond, grande entrée ouverte.

Ameublement à volonté.

SCÈNE PREMIÈRE

CODARDIN, PAVILLON.

Au lever du rideau on entend à gauche des cris de : A la santé de la mariée! Vive la mariée! — Deux garçons, portant des paniers de vin, passent au fond se rendant dans la salle du banquet.

CODARDIN, en scène se promène de long en large.

Qu'est-ce qu'il fait donc, cet animal? Il n'en finit pas. Je ne peux pourtant pas la laisser mourir de faim!... (Il va à la porte du fond et redescend. Pavillon entre de droite, troisième plan, portant un plateau garni.) Ah! vous voilà!

Bruit de vaisselle cassée dans la coulisse.

PAVILLON, remontant.

Ça y est! Encore de la casse.

COLARDIN *.

Où allez-vous ?

PAVILLON.

C'est mon extra, il casse tout !

COLARDIN, le ramenant.

Il ne s'agit pas de cela. Eh bien, c'est prêt ?

PAVILLON.

Oui, monsieur, j'ai mis du poulet.

COLARDIN.

Bien.

PAVILLON.

Du pâté.

COLARDIN.

Bon.

PAVILLON.

Et une bouteille de bordeaux.

COLARDIN.

Parfait, dépêchez-vous !

PAVILLON.

Cette dame aime-t-elle le homard ?

COLARDIN.

Oui... non... Ça ne fait rien... Allez, allez !...
Il pousse Pavillon vers la chambre de droite premier plan.

PAVILLON, à part.

Ces extras ! C'est la mort de la vaisselle !

Il entre à droite

* Colardin, Pavillon.

SCÈNE II

COLARDIN, seul.

Non! ce qui m'arrive dépasse tout ce qu'on peut imaginer!... Bigame! Mon gendre est bigame! Et sa première femme est remariée... à Grinchon... le cousin de Léonie, de ma fille... la seconde femme de mon gendre! Quel mic-mac! mon Dieu! quel mic-mac! Ce matin, quand je me suis trouvé mieux, j'ai dit à cette pauvre femme de se trouver mal. Elle ne comprenait pas, ça se comprend, mais je lui ai demandé cela comme un service personnel! Et son mari l'a ramenée à l'hôtel... elle est là... (Il désigne la porte de droite.) Je ne voulais pas croire que c'était elle, mais il n'y a pas d'erreur, j'ai retrouvé la vue du casino de Cabourg. (Il tire une photographie.) Et à la loupe... (Se fouillant.) Je n'ai pas ma loupe, mais c'est bien elle... et lui... et et moi... (Il remet la photographie dans sa poche.) Je n'ai pas encore pu m'échapper pour lui parler, mais il faut que je la voie, que je sache comment elle est devenue l'épouse de Grinchon, alors qu'elle n'était pas veuve. On est en train de danser, c'est le moment. (Il se dirige vers la porte de droite, voyant entrer Grinchon.) Allons, bon! Grinchon!

SCÈNE III

COLARDIN, GRINCHON.

GRINCHON, entrant par la gauche *.

Tiens! Colardin! Tu allais voir ma femme? J'y vais avec toi.

* Grinchon, Colardin.

COLARDIN.

Non, je sors de chez elle, elle va mieux.

GRINCHON.

Ça ne m'étonne pas, je ne fais que boire à sa santé. C'est égal, la nuit pourrait être mauvaise, je vais aller chercher un médecin.

COLARDIN.

Non, pas de scandale... je veux dire, ne la dérange pas; un médecin, ça impressionne toujours.

GRINCHON.

C'est curieux, elle n'est jamais malade, et il faut que ça tombe justement aujourd'hui.

COLARDIN.

C'est toujours comme ça... Ne t'inquiète pas, va... va boire encore à sa santé, ça lui fera du bien... et à moi aussi.

GRINCHON.

J'y vais. Tu comprends qu'elle est venue pour la noce, je veux qu'elle soit sur pied avant le départ des mariés.

COLARDIN.

Oh! nous avons le temps.

GRINCHON, tirant sa montre.

Hé! hé!... Ils partent à cinq heures; il est quatre heures et demie.

COLARDIN, à part.

Déjà! (Haut.) Tu vois, ça fait une demi-heure, une grande demi-heure! (A part.) Plus que trente minutes, mon Dieu!

GRINCHON.

Je tiens à ce que ton gendre fasse connaissance avec ma femme, car il ne la connaît pas, puisque Julia s'est trouvée mal ce matin, pendant que...

COLARDIN.

C'est vrai, oui, oui, ça tombe toujours comme ça.

GRINCHON.

Je vais dire à Fernand qu'il vienne l'inviter à danser.

COLARDIN.

Non, pas ça!... Ta femme est encore un peu souffrante.

GRINCHON.

Ça la guérira tout à fait, la danse pour les femmes... A tout à l'heure!...

Il sort.

SCÈNE IV

COLARDIN, puis JULIA, puis PAVILLON.

COLARDIN, seul.

Danser avec Fernand!... Il ne manquerait plus que ça! Pauvre Grinchon!... Il ne se doute de rien! Et quand il apprendra!... Il est capable de faire un malheur!... Sachons toujours à quoi nous en tenir! (Il frappe à la porte de Julia.) Madame!... madame!

JULIA, entrant *.

Vous!...

COLARDIN.

Oui, moi, plus bas.

JULIA, à part.

Voyons venir.

COLARDIN, avec accablement.

ᚦ Malheureuse!... Comment se fait-il que je vous trouve remariée?...

* Colardin, Julia.

JULIA, à part.

Il se rappelle Fernand, c'est ennuyeux.

GOLARDIN.

Et remariée avec qui, je vous le demande, avec Grinchon, le cousin de Léonie, de ma fille!

JULIA.

Ça vous étonne, n'est-ce pas?

GOLARDIN.

Comment si ça m'étonne! Mais ce n'est pas de l'étonnement, c'est de la... c'est du...

JULIA.

C'est bien simple!

GOLARDIN.

Mais votre premier mari?

JULIA.

Mon premier mari?... (Prenant une résolution subite.) Il est mort!

GOLARDIN, ahuri.

Mort!... Qu'est-ce qui vous a dit ça?

JULIA.

Un de ses amis qui était parti avec lui, en Amérique, et qui est revenu exprès m'annoncer la fatale nouvelle. Ah! vous venez, sans le vouloir, de rouvrir ma blessure...

Elle sanglote.

GOLARDIN, à part.

Il s'est fait passer pour mort, le misérable! Je comprends tout maintenant! Pauvre femme! Comment lui apprendre la vérité?

JULIA, à part.

Je crois que ça prend.

COLARDIN, à part,

Il le faut! (Haut, lui prenant la main.) Ecoutez-moi, pauvre martyre!... Je vous plains... si quelqu'un vous plaint bien sincèrement, c'est moi, Colardin... (Lui tendant la main.) Oh! vous pouvez la toucher cette main... elle est bien à moi!... et puis, c'est celle d'un honnête homme!

JULIA, vivement.

Oui, vous avez connu Fernand, vous avez pu voir combien je l'aimais... Eh bien! ne m'en parlez plus!... (Geste de Colardin.) Ne m'en parlez plus jamais!... En m'en parlant, vous me le rappelez et il ne faut pas me le rappeler... car je n'y pense plus, je l'ai oublié.

COLARDIN.

Oublié! C'est impossible!

JULIA.

Ç'a été dur, mais j'y suis arrivée tout de même, il le fallait à cause de mon mari, le nouveau, il est si jaloux! jaloux même du passé... et d'une violence! Aussi, devant lui, ne parlez jamais... de l'autre.

COLARDIN.

Mais, malheureuse femme...

JULIA.

Je sais ce que vous allez me dire : Je suis une ingrate, une sans cœur, je n'aurais pas dû oublier Fernand, mais la paix de mon ménage avant tout! et si vous avez un peu d'amitié pour moi....

COLARDIN.

Sans doute, mais à côté de l'ami, il y a le père, celui de ma fille...

PAVILLON, sortant de droite.

Si madame attend encore, je ne réponds plus de la mayonnaise!

COLARDIN, à part.

Animal, va!

JULIA, à part.

Profitons-en. (Bas, à Colardin.) Silence et merci! (A part.) Ça a pris!... C'est égal, nous ne resterons pas long-temps ici.

Elle rentre, suivie de Pavillon.

SCÈNE V

COLARDIN, seul.

Que le diable l'emporte avec sa mayonnaise! Je vous demande un peu... de la mayonnaise dans une situation aussi épouvantable... ça frise l'ironie... Au moment où j'entamais le chapitre des révélations, où je lui apprenais que j'étais le père de ma fille... et une fille c'est tout pour un père, surtout quand il n'a que celle-là... Pauvre femme!... Elle ne se doute de rien!... Que faire? Aller confondre le misérable au milieu du bal... devant tout le monde... impossible; ce soir toute la ville connaîtrait le déshonneur des Colardin!... On mettrait mon magasin à l'index... et les affaires vont déjà si mal!... Non, pas de scandale... Attendons... Non! n'attendons pas!... car tout à l'heure ce Fernand voudra partir avec Léonie... ma fille! Partir avec ma fille!... Ça, jamais! A tout prix, il faut empêcher ce départ! et sans éclat...

Entrent par la gauche, troisième plan, Sophie et Saturnin.

SCÈNE VI

COLARDIN, SOPHIE, SATURNIN, puis PAVILLON.

SATURNIN, à Sophie.

Ah! le voilà!

SOPHIE, allant à Colardin *.

Ah! te voilà, qu'est-ce que tu fais là, tout seul?

COLARDIN.

Moi, je me recueille.

SOPHIE.

Tu as quelque chose.

SATURNIN.

Sans doute la suite de votre indisposition de ce matin?

SOPHIE.

C'est bien étrange, cet évanouissement subit.

COLARDIN.

Ce sont mes bottines, elles étaient trop petites.

SATURNIN.

Quand je vous ai vu quitter la mairie, j'espérais qu'il y avait un empêchement au mariage de Léonie.

COLARDIN.

Mais pas du tout, ce sont mes bottines.

SOPHIE.

Et au moment d'aller à l'église, Javotte vient nous dire que tu es malade et que tu ne peux assister à la cérémonie.

SATURNIN.

J'espérais de plus en plus un empêchement.

COLARDIN.

Mes bottines, je vous dis...

SOPHIE.

Tes bottines, tes bottines! Tu en avais changé pour dîner et cependant tu étais préoccupé, inquiet.

* Saturnin, Sophie, Colardin.

SATURNIN.

Et maintenant, pendant le bal... c'est la même chose.

COLARDIN.

Le bonheur... la joie... et puis la mayonnaise... (se reprenant.) le malaise de la cousine.

SOPHIE.

Madame Grinchon?... Elle va plus mal? Je vais la voir.

COLARDIN.

Non... n'y va pas... elle dort!

SATURNIN.

Il faut lui donner du thé.

COLARDIN.

Pavillon vient de lui en porter... elle le prend!

SOPHIE.

En dormant?

COLARDIN.

Quoi? en dormant?

SOPHIE.

Tu viens de le dire... (Entre Pavillon venant de chez Julia.) Justement, voici Pavillon *.

COLARDIN, à part.

Allons, bon!

SOPHIE.

Eh bien! a-t-elle pris son thé?

PAVILLON.

Du thé?... Elle redemande du homard!

SOPHIE.

Du homard?

* Saturnin, Colardin, Sophie, Pavillon.

SATURNIN.

Une malade!

GOLARDIN.

Il ne s'agit pas de homard, puisque Pavillon lui portait du thé.

PAVILLON.

Moi, je lui ai porté...

GOLARDIN, insistant.

Du thé, parfaitement... C'est bien, allez! (Pavillon sort.) Seulement, vous comprenez que cette pauvre femme... dans sa situation... du thé... elle s'imagine que c'est du homard, c'est le délire qui commence; un petit délire... un délire tremens... comme on dit dans la médecine.

SOPHIE.

Ah! mon Dieu! c'est affreux!

SATURNIN.

Il faut prévenir son mari.

GOLARDIN, naïvement.

Lequel?

SOPHIE.

Comment? Lequel?

GOLARDIN.

Non, je voulais dire... Eh bien! oui, lequel? Chut! Plus bas!... D'ailleurs ça m'étouffe!... (Il les prend par la main.) Je viens de découvrir quelque chose d'horrible, quelque chose d'épouvantable!

SOPHIE, naïvement.

Je suis trop décolletée?

Golardin la regarde un instant, puis l'embrasse sur le front d'un air de pitié.

GOLARDIN, continuant.

Cette femme... Julia... Savez-vous qui c'est?...

4

SOPHIE.

Eh bien! notre cousine.

SATURNIN.

Madame Grinchon.

COLARDIN.

Pas du tout. C'est la première femme de Fernand.

SOPHIE.

Sa première femme! Vivante!

SATURNIN.

Alors Fernand est bigame!

COLARDIN.

En plein!

SATURNIN.

Je l'aurais parié!

SOPHIE.

Oh! ma pauvre fille!

SATURNIN.

Bigame!

Il sautille et met des gants.

COLARDIN.

Qu'est-ce qui lui prend?

SATURNIN.

Mon oncle, ma tante, j'ai l'honneur de vous demander la main de Léonie.

COLARDIN.

Il est fou!

SATURNIN.

Dame! le mariage de ma cousine devient nul, comme étant le second, puisque ce Fernand était déjà marié. Vous n'avez qu'à ouvrir le code, vous serez fixés.

GOLARDIN.

C'est dans le code, tu en es sûr?

SATURNIN.

Parfaitement ; la loi est pour vous... et pour moi,
car Léonie devient libre et vous m'accordez sa main.

GOLARDIN.

Nous verrons cela plus tard... pour le moment... il
s'agit de l'empêcher de partir, c'est le plus pressé.

SOPHIE, remontant.

Je vais l'arracher des bras de ce monstre !

SATURNIN, même jeu.

Moi aussi !

GOLARDIN, les ramenant.

Restez là, tous deux ! Pas de bruit, de la prudence !

SOPHIE.

Il faut pourtant faire quelque chose.

GOLARDIN.

C'est mon avis.

SATURNIN.

Quoi?

GOLARDIN.

Je n'en sais rien. C'est pourquoi je vous ai mis au
courant... Ah ! si j'avais pu en sortir tout seul !... Il
est certain que ce misérable n'en est pas à son coup
d'essai.

SATURNIN.

Oh ! ça !...

GOLARDIN.

Raison de plus... Il doit avoir l'habitude de ces sor-
tes d'affaires... il ne faut pas lui donner l'éveil, il fi
lerait.

SATURNIN.

Pas avec Léonie, en tous cas!

COLARDIN.

Je crois bien... il faut l'occuper... le retenir.

SOPHIE.

Comment?

COLARDIN.

Je n'en sais rien, je cherche, cherchez de votre côté.

SATURNIN.

Et la voiture qu'on va atteler pour les conduire au chemin de fer.

COLARDIN, ahuri.

C'est vrai. Comment faire?

SOPHIE.

La faire dételer.

COLARDIN.

Je n'y pensais pas.

SATURNIN.

Ne vous inquiétez pas, je suis là, moi! (A part.) O espoir! espoir!

II sort par le fond.

SOPHIE.

C'est affreux! Tu ne pouvais pas dire cela plus tôt, avant le mariage?

COLARDIN.

Je ne pouvais pas le dire avant, puisque je ne l'ai su qu'après.

SOPHIE.

Pour la première fois que nous marions notre enfant!

COLARDIN.

C'est bien la dernière par exemple.

Grinchon paraît à gauche, troisième plan.

SCÈNE VII

Les Mêmes, GRINCHON, puis FERNAND, LÉONIE et Invités.

SOPHIE, *apercevant Grinchon *.*

Grinchon? Il va nous donner un conseil.

COLARDIN.

Tu es folle, c'est le mari!

SOPHIE.

C'est vrai!... Mais il faudra toujours qu'il apprenne la chose.

COLARDIN.

C'est juste. Autant vaut tout de suite! (Appelant.) Grinchon! j'ai à te parler.

GRINCHON.

Tout à l'heure. Je vais présenter Fernand à Julia, il veut la faire danser.

SOPHIE.

Votre femme avec lui!

GRINCHON, *désignant Fernand qui entre avec Léonie et quelques invités par la gauche, troisième plan **.*

Le voilà!

* Grinchon, Colardin, Sophie.
** Grinchon, Colardin, Fernand, Léonie, Sophie.

4.

SOPHIE, à part.

Le scélérat!...

GRINCHON.

Je lui ferai vis-à-vis avec la mariée.

COLARDIN.

C'est impossible, ta femme vient de manger, ça lui troublera la digestion.

GRINCHON.

Tu as peut-être raison. (A Fernand.) Ce sera pour le second quadrille.

FERNAND.

C'est cela. (A Léonie, bas.) Nous serons partis avant.

LÉONIE.

Quand vous voudrez, mon ami.

FERNAND.

Tout de suite.

Il lui embrasse la main. — Les invités disparaissent par le fond.

SOPHIE, à part.

Il lui embrasse la main!

GRINCHON, à Colardin.

Regarde-moi ça, il est très bien ce garçon-là, tu as eu la main heureuse.

SOPHIE, à Léonie, en l'attirant à elle.

Léonie!

LÉONIE, à sa mère, qui lui essuie la main.

Que fais-tu donc, maman?

SOPHIE.

Je te purifie, mon enfant!

FERNAND, à Colardin.

Dites donc, beau-père, je crois que c'est le moment...

COLARDIN.

Quel moment ?

FERNAND.

Le cavalier seul, pour que nous filions.

GRINCHON.

Hé! là-bas, une minute! je n'ai pas encore fait danser la mariée, moi!

FERNAND.

Ce sera pour une autre fois.

COLARDIN, à part.

Quelle idée!... (Haut allant à Léonie *.) Comment, tu n'as pas dansé avec Grinchon?

LÉONIE.

Il ne m'a pas invitée, papa.

COLARDIN.

Ce n'est pas une raison... un vieil ami de la famille, un parent, va l'inviter tout de suite.

Il la fait passer à Grinchon.

FERNAND.

C'est que ma femme commence à être lasse.

GRINCHON, bas à Fernand.

Laissez donc. Je la conduis au buffet... ça la reposera. Venez-vous, cousinette? (Bas à Léonie en sortant.) Aimez-vous le pâté de foie gras ?...

Ils sortent par la gauche, troisième plan. — Fernand les accompagne un peu.

SOPHIE, bas, à Colardin.

Edmond, empêche ce départ ou j'éclate !... Dis-lui que nous ne pouvons pas lui laisser emmener notre enfant !...

* Grinchon, Fernand, Colardin, Léonie, Sophie.

COLARDIN.

Oui. Je vais le lui dire, tu vas voir... c'est le début
que je cherche.

SCÈNE VIII

COLARDIN, SOPHIE, FERNAND.

FERNAND, venant à Colardin *.

La voiture est prête ?

COLARDIN.

Quelle voiture ?

FERNAND.

Celle qui doit nous conduire à la gare.

COLARDIN.

Oui... oui, ne vous inquiétez pas, on fera atteler un
quart d'heure avant votre départ.

FERNAND.

Il est temps. Léonie va revenir, vous rentrerez dans
le bal... le petit cavalier seul... et pendant ce temps...
Eh bien, beau-père, si je ne vous revois pas... (Il lui serre
la main. — A Sophie.) Belle-maman !...

Il veut l'embrasser.

SOPHIE, en pleurant.

Ah ! c'est affreux !

FERNAND, à Colardin.

Dites-lui donc de ne pas pleurer comme ça !

COLARDIN.

Oui, oui, je vais le lui dire, c'est le début que...
(Changeant de ton.) Vous voulez déjà partir ?

* Colardin, Fernand, Sophie.

FERNAND.

Il est cinq heures... Et je retarde.

COLARDIN, à part.

Je tiens le joint ! (Haut.) C'est que voilà, ici nous avons une vieille coutume qui veut que les mariés ne s'en aillent pas avant que le dernier invité ne se soit retiré. (A sa femme.) Tu sais, la coutume.

SOPHIE.

Oui, c'est vrai...

FERNAND.

Alors, s'il leur plaisait de rester ici pendant huit jours !...

COLARDIN.

Ça arrive rarement, mais que voulez-vons ? Ce n'est pas moi qui ai inventé ça... C'est la coutume !

SOPHIE.

C'est la coutume !

FERNAND.

Elle est absurde !

COLARDIN.

Je suis de votre avis, ma femme aussi, mais je suis bien forcé de faire respecter cet usage.

FERNAND.

Alors, il n'y a pas moyen de l'éviter ?

COLARDIN.

Non... non...

FERNAND.

Il faut attendre que le dernier invité... (A part.) Ça ne va pas être long... (Haut, et changeant de ton.) Vous avez raison... Il faut se conformer... (Il remonte.) Alors, je vais danser... c'est ce que j'ai de mieux à faire, n'est-ce pas ?...

Il remonte.

COLARDIN.

Evidemment. (Bas, à Sophie.) Il ne partira pas !

FERNAND, à part.

Ça ne va pas être long !

Il sort par le fond.

SCÈNE IX

COLARDIN, SOPHIE, JAVOTTE.

SOPHIE.

Je ne comprends pas les ménagements que tu prends avec un être semblable... Et maintenant, que vas-tu faire ?

COLARDIN.

Gagner du temps, mettre Grinchon au courant pour qu'il nous aide, faire empoigner au besoin ce misérable par la police, et reprendre notre fille sans bruit, sans la compromettre, pour pouvoir la recaser.

SOPHIE.

Je vais profiter de ce qu'il est dans la salle de bal pour aller chercher Léonie et la ramener chez nous.

Elle remonte.

COLARDIN*.

Moi j'attendrai ici qu'il revienne, lui, et je le retiens jusqu'à ce que nous ayons trouvé une solution.

SOPHIE.

Tiens ! tu es beau !

Elle l'embrasse.

COLARDIN.

Et toi, tu es belle !... va, va !...

* Sophie, Colardin.

JAVOTTE, entrant par le fond avec des manteaux.

Voilà les manteaux !

SOPHIE.

Quels manteaux ?

JAVOTTE.

Des mariés. C'est M. Fernand qui m'a dit de les préparer, alors je les apporte.

COLARDIN.

Remportez-les tout de suite et fourrez-les dans un coin, dans un placard, où vous voudrez, qu'on ne les retrouve plus.

JAVOTTE.

Ils ne partent donc plus ?

SOPHIE.

Ça ne vous regarde pas, allez !

Javotte sort à droite, troisième plan.

SCÈNE X

Les Mêmes, SATURNIN, PAVILLON.

SATURNIN, entrant par le fond avec un verre d'eau,
à Colardin.

Tenez !... Buvez ça ; l'eau de mélisse, c'est souverain pour les indigestions.

PAVILLON, entrant à la suite de Saturnin avec des bandes et
une paire de ciseaux, à Sophie *.

Tenez... voilà les ciseaux, avec des bandes... Vous êtes debout avec une entorse ?...

COLARDIN.

Une indigestion, moi ?

* Sophie, Fernand, Pavillon, Colardin.

SOPHIE.

Moi, une entorse ?

SATURNIN, allant à Sophie.

Alors, l'indigestion, c'est ma tante ?

PAVILLON, allant à Colardin *.

Monsieur... c'est vous l'entorse ?

COLARDIN.

Que signifie cette plaisanterie ?

PAVILLON.

Rien n'est plus sérieux... C'est votre gendre qui
vient de nous l'annoncer dans la salle de bal.

SATURNIN,

Il a même ajouté que vous étiez allé vous coucher.

PAVILLON,

Alors, tout le monde est parti.

Il remonte à gauche.

COLARDIN.

Parti, tout le monde ?

Il va à Sophie.

SOPHIE.

Je comprends ! Le misérable ! Eh bien ! tu vois,
avec ta fameuse idée, nous sommes joués. Ce Fernand
va emmener Léonie.

PAVILLON, à part.

Tout le monde parti, je vais arrêter ma note.

Il écrit sur un carnet.

COLARDIN.

Pas encore, j'ai une autre idée.

SOPHIE.

Tant pis !

Elle remonte.

* Sophie, Pavillon, Fernand, Colardin.

COLARDIN.

Excellente !... (Il va chercher une chaise qu'il place à gauche, premier plan.) Pavillon, asseyez-vous là... (Pavillon s'assied.) Toi, Saturnin, va au dehors, et guette Fernand... Va donc !...

SATURNIN.

J'y vais !... (A part.) Moi aussi, j'ai mon idée.

Il sort par le fond.

PAVILLON, écrivant.

Continuons... Ah ! les cigares !

COLARDIN, à Sophie.

Vite !... Aide-moi !...

SOPHIE.

Je ne comprends pas.

COLARDIN, désignant Pavillon.

Le dernier invité, le voilà !

Il ébouriffe les cheveux de Pavillon.

SOPHIE.

Ah ! bon !

PAVILLON.

Hé là-bas ! Hé !

COLARDIN.

Ne bougez donc pas !

PAVILLON.

Mais vous me décoiffez !

COLARDIN.

Vous mettrez ça sur la note... (A Sophie.) As-tu des ciseaux ?

PAVILLON, tirant des ciseaux de sa poche.

Des ciseaux ?... En voilà !... (Colardin prend les ciseaux.) Vous voulez me couper les cheveux ?

5

COLARDIN.

Non!... Les favoris seulement.

PAVILLON, se récriant.

Mais...

COLARDIN.

Vous mettrez ça sur la note... Ça fera deux côte-
lettes de plus.

PAVILLON.

Mais, non.

COLARDIN.

Vous ne voulez pas ?... Autre chose alors !...

Il prend la serviette que Pavillon a sur le bras.

SOPHIE.

Oui... (Elle prend la serviette.) Ça suffira pour le défigurer !

PAVILLON.

Me défigurer !... Je m'y oppose !

Il se lève.

COLARDIN, le rasseyant.

Restez donc tranquille !

Sophie lui met la serviette en mentonnière.

PAVILLON, ahuri.

Enfin... expliquez-moi...

COLARDIN.

C'est bien simple !... En ce moment vous sauvez
l'honneur d'une famille honorable.

SOPHIE.

Là... Il est méconnaissable !

COLARDIN.

Quoi qu'il arrive, ne bougez pas.

PAVILLON.

Qu'est-ce qu'il faudra dire ?

COLARDIN.

Rien.

SOPHIE, apercevant Fernand qui entre par le fond.

Chut ! Fernand !

COLARDIN, bas.

Vous êtes sourd... sourd comme un pot... Ça vous dispensera de répondre !

SCÈNE XI

LES MÊMES, FERNAND.

FERNAND, à part, descendant à droite *.

Ça y est. Mon petit truc a réussi : ils sont tous partis et je vais pouvoir en faire autant. (Haut.) Beau-père, tout le monde est parti là-bas.

COLARDIN.

Là-bas, c'est possible, mais ici, il reste encore un invité.

Il démasque Pavillon.

FERNAND, voyant Pavillon, à part.

Qu'est-ce que c'est que ça ? (A Colardin.) Dites donc, beau-père, qu'est-ce que c'est que ça ?

COLARDIN.

Ça, monsieur, c'est un oncle à nous.

FERNAND.

Un oncle ! Je ne l'ai pas encore vu. D'où sort-il ?

SOPHIE.

Il vient de se lever.

* Sophie, Pavillon assis, Colardin, Fernand.

COLARDIN.

Oui, il souffre des dents et comme il ne dort pas la nuit, il se lève.

FERNAND.

A cette heure-ci? Ça ne se fait pas. Tout le monde est parti, il ne reste plus que lui.

SOPHIE.

Ça suffit.

FEDNAND.

Oui, la vieille coutume... Je vais lui dire d'aller se coucher.

Il passe devant Colardin.

COLARDIN.

Prenez garde, c'est un oncle à héritage.

FERNAND.

C'est égal... Je vais lui faire entendre...

COLARDIN.

Essayez.

FERNAND, s'approchant de Pavillon.

Eh bien! voyons, mon oncle, il est tard... Il faudrait penser à rentrer... Je vais vous faire reconduire.

SOPHIE, bas, à Pavillon.

Vous êtes sourd.

FERNAND.

Je vais vous faire reconduire.

PAVILLON.

Je suis sourd !

COLARDIN.

Comme un pot !...

FERNAND.

Et vous ne me prévenez pas?

COLARDIN.

Non, c'était pour vous faire une surprise.

FERNAND, à Pavillon, criant.

Je vais vous faire reconduire !

PAVILLON, se bouchant les oreilles.

Mais je ne suis pas... (Se reprenant.) comme un pot !...

FERNAND, à part.

Je connais cette voix-là. (Haut, soupçonneux.) Il y a longtemps que vous avez cette infirmité ?... (A part.) Je connais aussi ce profil.

SOPHIE, à part.

Est-ce qu'il se douterait ? (Haut.) Voyons, toutes ces questions le fatiguent.

FERNAND.

Puisqu'il n'entend pas.

COLARDIN.

Justement, il cherche à comprendre, et alors...
                    Bruit de vaisselle cassée.

PAVILLON, sautant.

V'lan ! ça y est ! Encore de la casse !

FERNAND.

Hein ?

SOPHIE, bas, à Pavillon.

N'oubliez donc pas que vous êtes sourd !

PAVILLON.

C'est possible, mais j'entends bien qu'ils cassent ma vaisselle ! (Il ôte la serviette.) Attends un peu !...
                    Il sort par la gauche, troisième plan.

FERNAND, stupéfait.

Pavillon ! C'était Pavillon !

SCÈNE XII

LES MÊMES, MARCEL,

MARCEL, entrant par le fond.

Ah ! te voilà ! Tu ne pars donc plus ? On vient de donner l'ordre de dételer la voiture.

COLARDIN, faisant l'étonné.

Allons donc ! pas possible !... (A part.) Et cet imbécile qui vient le prévenir.

FERNAND.

Dételer... qui ça ?...

MARCEL.

M. Saturnin. Il a dit que c'était de ta part.

COLARDIN, même jeu.

De votre part ? Comment ! c'est vous qui avez dit de dételer ?

FERNAND, comprenant.

Ah ! très bien. Les vieilles coutumes, l'oncle sourd, la voiture dételée, c'est pour m'empêcher de partir.

SOPHIE.

Eh bien, oui, monsieur, c'est pour cela.

FERNAND.

Voyons, belle-maman, je comprends que le moment de la séparation vous soit pénible et que vous cherchiez à le reculer autant que possible, mais vous allez un peu loin... je m'en rapporte à mon beau-père qui est homme... Quand on se marie c'est pour se marier, et moi, je veux me marier... (Apercevant Léonie.) Justement voici ma femme.

SCÈNE XIII

LES MÊMES, LÉONIE.

LÉONIE, de gauche, troisième plan *.

J'ai laissé M. Grinchon au buffet, il n'en finit pas. Il n'y a plus personne dans le salon.

FERNAND.

Oui, tout le monde est parti et nous allons en faire autant. (A Marcel.) Va dire qu'on rattelle.

Marcel sort, par le fond.

SOPHIE, éperdue.

Edmond!...

COLARDIN.

Sophie!

FERNAND, à Léonie.

Vous, ma chère Léonie, allez mettre votre sortie de bal.

SOPHIE.

Je te le défends!

FERNAND, à Léonie.

Allez! Je vous en prie. Elle est drôle, la belle-mère.

COLARDIN.

Ecoutez, je vais vous donner un conseil. Renoncez à ce départ, renoncez-y aujourd'hui, demain, renoncez-y toujours!

FERNAND.

C'est à cette heure-ci que vous me donnez de pareils conseils!

* Sophie, Léonie, Fernand, Colardin.

COLARDIN.

Je n'ai pas choisi l'heure, mais je vous engage à les écouter.

FERNAND.

Ah! mais ça devient invraisemblable!... Enfin, m'avez-vous accordé votre fille? Oui. Eh bien, laissez-moi emmener ma femme!...

SOPHIE, faisant passer Léonie, à gauche.

Par exemple!...

LÉONIE.

Maman!

FERNAND.

Je veux ma femme!

COLARDIN.

Votre femme?... Vous voulez votre femme? Soit!... (Allant à droite.) Venez, madame. (Julia entre.) La voilà votre femme!

SCÈNE XIV

Les Mêmes, JULIA.

JULIA, entrant *.

Qu'y a-t-il?

FERNAND, à part.

Julia!

JULIA, à part.

Fernand!

LÉONIE.

Cette femme!... La photographie... mon mari! Je comprends tout... Ah! c'est affreux!

Elle défaille.

* Léonie, Sophie, Fernand, Julia, Colardin.

SOPHIE.

Viens, ma fille viens. (Elles sortent, à gauche premier plan.)
Ta place n'est pas ici.

COLARDIN, à Julia, qui va sortir.

Restez, madame!

FERNAND, suivant Sophie.

Voyons, belle-maman.

SOPHIE, sur le pas de la porte, se retournant.

Il n'y en a plus de belle-maman!

Elle disparaît.

SCÈNE XV

COLARDIN, FERNAND, JULIA.

FERNAND, à part.

Est-ce qu'elle viendrait pour empêcher mon mariage? Trop tard, heureusement.

JULIA, à part.

De l'aplomb! (Haut, vivement.) Comment, toi! Tu n'es donc pas mort?

FERNAND, stupéfait.

Mort! moi?

COLARDIN.

Oui, monsieur, vous, en Amérique, dans les bras d'un ami. Inutile de feindre, vous voyez que je suis au courant.

FERNAND.

Tant mieux, cela va nous permettre de nous expliquer franchement.

5.

JULIA, à part.

Voilà ce que je crains! (Haut.) Mais, alors, on m'a trompée! Pourquoi? Dans quel but?

FERNAND.

Oh! pas de phrases, n'est-ce pas? (A Colardin.) Vous allez connaître la vérité.

COLARDIN, à part.

Méfions-nous, il va me fourrer dedans!

FERNAND.

Sachez donc, beau-père..

JULIA, étonnée.

Beau-père?

COLARDIN, navré.

Hélas! oui!... Depuis ce matin! Voilà ce qu'il aurait voulu vous cacher!

FERNAND, à part.

Elle n'en savait rien?... Alors, pourquoi est-elle ici?

COLARDIN, à Fernand.

Vous ne vous attendiez pas à cette visite... et "ça vous gêne, n'est-ce pas?...

FERNAND.

Moi!... pas le moins du monde. Voyons, monsieur Colardin, vous êtes un homme intelligent.

COLARDIN.

Ne me flattez pas!

FERNAND.

Vous avez fait aussi vos farces et vous auriez dû comprendre, sans que j'aie eu besoin de vous l'expliquer, que madame n'était pas ma femme.

COLARDIN.

Je m'y attendais... Je ne peux pas vous dire combien je m'y attendais.

JULIA, à part.

Il va me compromettre. (Haut à Fernand.) Monsieur !...

COLARDIN, l'interrompant.

Rassurez-vous ! (A Fernand.) Ainsi ce n'était pas votre femme ? Alors, qu'est-ce que c'était donc ?

FERNAND.

Eh bien, mais, ma...

COLARDIN.

Votre !... Ah ! Il ose devant elle !... (A Julia.) Parlez ! Dites-lui donc que c'est un misérable. Il veut vous faire passer pour sa maîtresse, maintenant !

JULIA, embarrassée.

Oui, ça c'est bête.

COLARDIN.

Vous n'osez pas lui répondre !... Il vous domine toujours ! Mais, je suis là, moi !

FERNAND.

Voyons, madame, ça n'est pas sérieux.

JULIA, à part.

Je n'ai qu'une chose à faire ! (Défaillant.) Ah !

COLARDIN, la soutenant.

Eh bien ! Eh bien !

FERNAND.

Ah ! mais, je vous défends de vous trouver mal !...

COLARDIN.

Taisez-vous, monsieur... Je ne souffrirai pas que vous l'assassiniez sous mes yeux !... Venez, malheureuse créature !

Il entre dans la chambre de droite avec elle.

SCÈNE XVI

FERNAND, GRINCHON.

FERNAND, seul.

Voilà une rencontre fâcheuse! Mais pourquoi soutient-elle que j'étais son mari?... C'est de la démence!... Oh!... que mon beau-père se débrouille avec elle! Je vais chercher Léonie et je l'emmène. (Apercevant Grinchon qui entre par la gauche, troisième plan.) Tiens! Le cousin Grinchon!... Je vais tout lui dire, il m'aidera.

GRINCHON *.

Qu'est-ce qu'ils me racontaient donc, que vous étiez parti... sans me dire bonsoir!

FERNAND.

Ah! bien oui, je ne pars plus.

GRINCHON.

Vous avez tort, si vous restez ici, demain tout le monde vous blaguera.

FERNAND.

C'est mon beau-père qui s'oppose à mon départ. Il prétend que je ne suis pas le mari de Léonie.

GRINCHON.

Pas encore, mais...

FERNAND.

Ce n'est pas ça... quand j'ai connu M. Colardin, j'étais avec une femme.

GRINCHON.

Votre femme, eh bien ?

* Grinchon, Fernand.

FERNAND.

Non, pas la mienne, je n'ai jamais été marié.

GRINCHON.

Farceur! puisque vous êtes veuf.

FERNAND.

Voilà d'où vient le quiproquo; c'était ma maîtresse que je présentais comme ma femme, et par un hasard incroyable, elle vient d'arriver ici.

GRINCHON, riant.

Il n'y a que le hasard pour vous faire de pareilles fumisteries.

FERNAND.

Mon beau-père l'a vue, j'ai eu beau lui dire que ce n'était que ma maîtresse, il n'a rien voulu entendre.

GRINCHON.

Bon! Il vous croit bigame, et il ne veut pas que vous emmeniez sa fille!

FERNAND.

Voilà!

GRINCHON.

Il est idiot!

FERNAND.

C'est un terme dont j'hésitais à me servir.

GRINCHON.

Moi, je n'ai pas à me gêner. Voulez-vous que je lui parle?

FERNAND.

Je n'osais pas vous le demander.

GRINCHON.

Vous plaisantez! D'ailleurs, maintenant, nous sommes parents... par les femmes.

FERNAND.

C'est juste.

GRINCHON.

Comptez sur moi... C'est comme si c'était fait, vous
pouvez vous apprêter.

FERNAND.

D'ailleurs, si vous ne réussissez pas, j'enlève Léonie.
Après tout, c'est mon droit.

GRINCHON.

Absolument; je vous aiderai, et pour que vous soyez
tranquille, je me chargerai des parents jusqu'à demain
huit heures, huit heures et demie, mettons neuf heures.

FERNAND.

Avec plaisir. (Voyant entrer Colardin.) Le voilà !

Ils remontent

COLARDIN, à part.

Elle était de bonne foi, elle le croyait mort. (Les regardant.) Ensemble ! Se sont-ils expliqués ?

FERNAND, bas, à Grinchon.

Je vous donne cinq minutes.

GRINCHON.

Ça suffit. Je vais arranger ça comme pour moi !

FERNAND.

Merci.

Il lui serre la main et sort par le fond.

SCÈNE XVII

GRINCHON, COLARDIN.

COLARDIN, à part.

Une poignée de main ! Grinchon ne sait rien.

GRINCHON, gaiement.

Ah ! te voilà, toi ! Viens un peu ici. Voyons, mon vieux Colardin, tu seras donc toujours aussi bête ?

COLARDIN.

Hein ?

GRINCHON.

Tu maries ta fille et tu veux empêcher son mari de l'emmener? Ça ne se fait pas ces choses-là.

COLARDIN.

Pardon, c'est ce que tu ignores...

GRINCHON.

Mais non, mais non, il m'a tout expliqué, ce garçon.

COLARDIN.

Comment, il a osé?... Ce n'est pas possible.

GRINCHON.

Mais si, mais si.

COLARDIN.

Allons donc ! Tu ne lui serrerais pas la main.

GRINCHON.

Qu'est-ce que tu veux que ça me fasse? Ce n'était que sa maîtresse !

COLARDIN.

Sa femme ! Voilà où est l'erreur.

GRINCHON.

Tu ne peux pas comprendre ça, toi. Ça arrive tous les jours ces histoires-là.

COLARDIN, à part.

Il est renversant ! (Haut.) Voilà comment tu prends les choses ? Et même cette idée que ce n'était que sa maîtresse, ça te laisse calme, ça ne t'indigne pas?

GRINCHON.

Oh ! moi, je n'ai pas de préjugés.

COLARDIN, à part.

Il est ignoble !

GRINCHON.

Tu n'es pas dans le mouvement, toi, tu n'as jamais fait la noce.

COLARDIN.

C'est trop fort !

GRINCHON.

Voyons, ne t'emporte pas !

COLARDIN, railleur.

Tu as raison. Après tout, je m'en moque, je ne suis pas le mari, moi !

GRINCHON.

Le mari de qui ?

COLARDIN.

De Julia.

GRINCHON, riant.

Bien sûr, puisque c'est moi.

COLARDIN.

Eh ! non, ce n'est pas toi.

GRINCHON.

Comment, pas moi ?

COLARDIN, à part.

Il n'a rien compris. (Haut.) Sans doute, puisque c'é-tait sa femme !

GRINCHON.

La femme de qui ?

COLARDIN.

De Fernand !

GRINCHON.

Fernand ?... Ecoute, Colardin, je ne voudrais pas te

faire de la peine, mais tu as eu tort de boire autant de champagne, parce que tu ne sais plus ce que tu dis!

GOLARDIN.

C'est le bouquet ! Mais je te répète que Julia n'était pas la maîtresse de Fernand, mais sa femme !

GRINCHON.

Bon ! Julia à présent ! Mais mon pauvre vieux, tu ne te souviens donc pas que c'est ta fille qui est mariée avec Fernand ?

GOLARDIN.

Elle ! Jamais ! Le mariage est nul.

GRINCHON.

Nul ?

GOLARDIN.

Comme étant le second, le premier seul est valable, et comme la première femme de Fernand n'est pas morte, il n'était pas veuf, c'est clair !

GRINCHON.

Il ne pouvait pas être veuf, puisqu'il n'était pas marié.

GOLARDIN.

Mais si !

GRINCHON.

Mais non, il m'a tout raconté.

GOLARDIN.

Il te monte le coup ! D'ailleurs, il n'allait pas t'avouer la vérité, à toi.

GRINCHON.

Pourquoi ça, à moi ?

GOLARDIN, à part.

Il est bouché, cet animal-là ! (Haut.) Parce que c'est toi qui as épousé sa première femme.

GRINCHON.

Sa première femme?

COLARDIN.

Oui, Julia.

GRINCHON.

Comment cette femme !... Julia ! c'était la sienne?

COLARDIN.

Parbleu!

GRINCHON.

Et lui qui tout à l'heure... Alors il se serait fichu de moi ?

COLARDIN.

Voilà une heure que je te l'explique.

GRINCHON.

Ah ! le gueux !

COLARDIN.

Ne crie pas comme ça !

GRINCHON.

Ne pas crier !... Où est-il ? Où est-il?...

SCÈNE XVIII

COLARDIN, GRINCHON, FERNAND.

FERNAND, paraissant au fond, à part.

Les cinq minutes sont écoulées, ce doit être le moment.

GRINCHON, le saisissant au collet *.

Ah ! misérable ! canaille ! Ah ! tu n'étais pas marié ! Ah ! Julia était ta maîtresse !

* Grinchon, Fernand, Colardin.

FERNAND.

Je vous avais prévenu.., je vous le répète...

GRINCHON.

Il me le répète !

FERNAND.

Lâchez-moi donc !

COLARDIN.

Tu vas l'étouffer !

Grinchon fait tourner Fernand et l'envoie à gauche *.

GRINCHON.

Sa maîtresse !... Julia !... ma femme !

FERNAND, à part.

Sa femme ! sapristi !

COLARDIN.

Grinchon, calme-toi.

FERNAND, à part.

Du sang-froid !... (Haut, ricanant.) Ah ! ah ! oui, très bien, je devais m'attendre à cette nouvelle farce, c'est le pendant de celle de l'oncle sourd.

COLARDIN, allant à Fernand **.

Une farce ! Vous osez prétendre que nous nous amusons à faire des farces dans une situation pareille !

GRINCHON.

Ah ! c'est comme ça ! attends un peu !

Il se dirige vers la chambre de Julia.

COLARDIN.

Que vas-tu faire ?

GRINCHON.

Le confronter avec ma femme... non, la sienne... enfin, la nôtre... Julia !

* Fernand, Grinchon, Colardin.
** Fernand, Colardin, Grinchon.

FERNAND, à part.

Aïe ! aïe ! ça va se gâter.

GRINCHON, ouvrant la porte de droite.

Sortez, madame !

COLARDIN, à Fernand.

C'est l'expiation qui commence, monsieur !

FERNAND.

Vous m'ennuyez ! (A part.) Eh bien, si on m'y reprend à me faire passer pour veuf !

SCÈNE XIX

LES MÊMES, JULIA.

GRINCHON *.

Venez, madame.

JULIA, à part.

Qu'est-ce qui s'est passé ?

GRINCHON, désignant Fernand.

Vous reconnaissez monsieur ?

JULIA, froidement.

Monsieur ? Du tout, mon ami.

GRINCHON et COLARDIN.

Hein ?

FERNAND, à part.

Elle sauve la situation.

GRINCHON.

Comment, tu ne ?... vous ne...?

* Fernand, Colardin, Grinchon, Julia.

COLARDIN, à Fernand.

Vous ne pouvez pas nier, vous ?

FERNAND, froidement.

Moi ? Je n'ai jamais vu madame.

JULIA, à part.

Il a compris.

COLARDIN.

C'est un peu violent ! Tout à l'heure vous ne vous êtes pas rencontrés ici ?

FERNAND.

C'est possible.

JULIA.

On voit tant de monde dans un bal.

COLARDIN, à Julia.

Ce n'est pas votre premier mari ?

JULIA, indignée.

Monsieur ! Pour qui me prenez-vous ?

FERNAND, indigné.

Songez à ce que vous dites !

COLARDIN, ahuri.

Ah ! celle-là, par exemple !

GRINCHON, bas, à Colardin.

Ils me désarçonnent.

COLARDIN, bas.

Laisse-moi faire ! (A Julia *.) Et moi, madame, ne m'avez-vous jamais vu à Cabourg ?

JULIA.

Comment vous y aurais-je vu, je n'y suis jamais allée.

* Fernand, Grinchon, Colardin, Julia.

COLARDIN.

Je deviens fou, moi! Mais j'y pense, j'ai une preuve, la photographie.

FERNAND, à part.

La vue du Casino!

COLARDIN, tirant la photographie et la donnant à Grinchon.

Tiens, regarde.

GRINCHON.

Des gens qui se baignent.

COLARDIN.

Là, dans le coin, qu'est-ce que tu vois?

GRINCHON.

Mais c'est toi.

COLARDIN.

Oui, moi... et monsieur... et entre nous deux... madame.

GRINCHON.

En effet, je reconnais... Et ils osaient nier !

FERNAND.

Ça ne signifie rien, aux bains de mer, sur la plage, tout le monde se ressemble.

COLARDIN.

A la loupe, c'est frappant! (Se fouillant.) Non, je ne l'ai pas, mais c'est frappant tout de même.

GRINCHON, exaspéré.

Ah ! tonnerre ! je vais les étrangler tous les deux!

COLARDIN.

Pas encore. (A Julia.) Madame, rentrez chez vous, ce qui va avoir lieu doit se passer entre hommes.

JULIA.

Comment? On m'accuse et vous ne voulez pas que

je me défende? Soit, je me retire. (A Grinchon.) Mais rappelez-vous ceci : Vous me croyez coupable, je n'aurais qu'un mot à dire pour vous prouver le contraire.

GRINCHON.

Un mot? Eh bien, dites-le.

JULIA.

Ça ne me plait pas. Vous voulez faire une sottise, je tiens à vous laisser aller jusqu'au bout, et c'est là que je vous attends. Adieu! (A part.) Quelle tuile! Il faut absolument que je trouve quelque chose.

Elle sort à droite, premier plan.

SCÈNE XX

COLARDIN, GRINCHON, FERNAND,
puis SATURNIN.

GRINCHON, suivant un peu Julia.

Tout ça c'est des phrases!... (A Fernand.) A nous deux!

COLARDIN, s'interposant.

Pardon, à nous trois! (Voyant entrer Saturnin.) Saturnin! il n'est pas de trop, à nous quatre!

Il remonte vers Saturnin.

SATURNIN, entrant par la gauche.

On va danser?

COLARDIN, à Fernand *.

La situation pour moi est bien nette.

FERNAND, prenant son parti philosophiquement.

Vous trouvez? Eh bien, continuez.

* Saturnin, Colardin, Fernand, Grinchon.

COLARDIN.

J'aurais le droit et le devoir de vous livrer à la justice.

GRINCHON.

Parfaitement.

SATURNIN.

Très bien ! (A part.) J'y ai déjà pensé.

COLARDIN.

Et votre condamnation serait certaine.

FERNAND.

Pardon, avant de condamner les gens, on les juge.

COLARDIN.

Quelquefois.

FERNAND.

On les entend.

GRINCHON.

Oh ! si peu !

COLARDIN.

Le moins que vous puissiez récolter, c'est le bagne à perpétuité.

FERNAND.

Pourquoi pas l'échafaud ?

COLARDIN.

Ça ne dépend que de votre avocat. Du reste nous n'irons pas jusque-là. Permettez-moi simplement de vous rappeler ce qui se passe dans les grandes familles quand un des leurs s'est rendu coupable d'une chose déshonorante.

GRINCHON.

Il est déshonoré.

COLARDIN.

Non.

GRINCHON.

Il n'est pas déshonoré?

COLARDIN.

Non!... Sa famille ne lui en laisse pas le temps, elle vient lui dire : « Tu es un misérable ; pour que la justice des hommes ne proclame pas ton déshonneur, fais-toi justice toi-même. » Et on lui place dans la main un pistolet.

GRINCHON.

A deux coups.

SATURNIN.

Dans le cas où il se raterait la première fois.

FERNAND, ricanant.

Mais je suis à Charenton !... Je n'aurais pas trouvé celle-là. Ainsi vous me proposez tout gentiment de...

Il achève sa pensée par un geste.

COLARDIN.

Non, monsieur, quoique commerçant je méprise la réclame et le pistolet fait trop de bruit. D'ailleurs, je n'en ai pas.

FERNAND.

Alors ?...

COLARDIN.

C'est bien simple, un poison violent dans un verre de madère.

GRINCHON.

Ce n'est pas mauvais, ça.

FERNAND.

Allez vous promener avec votre drogue !

COLARDIN.

L'aimez-vous mieux au malaga ! Dites votre goût.

6

FERNAND.

Fichez-moi la paix !

SATURNIN.

A-t-il assez mauvais caractère.

COLARDIN, lui prenant la main.

Fernand, mon ami, réfléchissez un peu. Voyez donc comme ça arrange bien les choses, car en somme, il n'y a que vous de trop.

SATURNIN.

Vous supprimé, j'épouse Léonie.

GRINCHON.

Et c'est le seul moyen de me prouver que vous n'étiez pas l'amant de ma femme, mais son mari.

COLARDIN.

Allons, un bon mouvement.

GRINCHON et SATURNIN.

Allons !

FERNAND.

Ah ! mais j'en ai assez ! Vous le prenez sur ce ton-là, soit. Je n'ai qu'une femme, (A Colardin.) votre fille ; j'ai le droit de l'emmener, c'est ce que je vais faire, quand je devrais requérir les gendarmes !

COLARDIN.

Il ose parler de gendarmes !...

Il remonte un peu avec Saturnin.

GRINCHON.

Il n'en parlera pas deux fois. A nous deux, veuf de contrebande !...

SCÈNE XXI

Les Mêmes, SOPHIE, LÉONIE *.

LÉONIE et SOPHIE, entrant par le fond et restant au second plan jusqu'à la fin de l'acte.

Qu'y a-t-il ?

GRINCHON.

Du monde ! Tant mieux ! nous allons rire ! (Il ôte son
habit. A Fernand.) Déshabillez-vous !

FERNAND.

Jamais de la vie !

SOPHIE.

Ils se battent ?

COLARDIN, allant à elle.

Non, ils s'expliquent.

GRINCHON.

Tu ne veux pas te défendre ? C'est ton affaire.

LÉONIE.

Maman, maman !

SOPHIE.

Au secours ! au secours !

* Saturnin, Fernand, Colardin, Sophie, Léonie, Grinchon.

SCÈNE XXII

LES MÊMES, RAIDILLON, MÉDÉRIC, MARCEL.

RAIDILLON, entrant du fond, suivi de Médéric et de Marcel.

M. Fernand Girardot ?

FERNAND, s'avançant.

C'est moi.

RAIDILLON, au fond.

Monsieur, je viens vous arrêter.

GRINCHON, à part.

On l'arrête !

FERNAND.

M'arrêter ! (Ricanant.) Non ! c'est trop drôle !

COLARDIN, étonné.

La justice !

SATURNIN, à part.

Elle était bonne, mon idée.

FERNAND.

Quelle est cette nouvelle plaisanterie ?

RAIDILLON.

Je n'ai pas d'explications à vous fournir ici.

Il fait signe à Médéric qui s'approche de Fernand.

LÉONIE, pleurant.

Maman !

* Saturnin, Fernand, Médéric Raidillon, Sophie, Léonie, Colardin, Grinchon.

SOPHIE.

Je te reste !

GRINCHON, à part.

Alors, c'est vrai... Il est bigame !...

FERNAND, empoigné par Méderic.

Comment, c'est sérieux?... Ah ! mais, je proteste !

Fernand se débat, mais il est maintenu par Médéric et Raidillon.

COLARDIN, à part.

Arrêté !... sans que personne se soit plaint !... Et l'on dit que la police est mal faite !

Rideau.

ACTE TROISIÈME

Le bureau du juge de paix.

A gauche. — Premier plan, porte ouvrant sur la scène. — Deuxième plan, cartonnier bibliothèque contre le mur. — Troisième plan, porte à grosse serrure, conduisant à une cellule.

A droite. — Premier plan, porte. — Troisième plan, porte.

Au fond. — Porte à deux battants. — A gauche, banquette. — A droite, affiches judiciaires.

En scène. — A gauche, deuxième plan, chaise, et chaise au fond à gauche de la banquette. — A droite, premier plan, placé perpendiculairement à la rampe, un bureau ministre sur lequel sont des papiers, un carton administratif, un verre d'eau, encrier. — Un fauteuil à droite du bureau ; une chaise à gauche.

SCÈNE PREMIÈRE

RAIDILLON, MÉDÉRIC.

Au lever du rideau, Raidillon est assis devant son bureau, à droite, tenant un basson et étudiant un morceau placé sur le bureau. — Médéric, en costume de garde-champêtre, est en face de lui, de l'autre côté du bureau, debout et battant la mesure.

RAIDILLON, retirant son basson de sa bouche.

Je ne sortirai jamais de ce passage-là! (A Médéric.)
Et puis, vous allez trop vite... Ralentendo.

MÉDÉRIC, cessant de battre la mesure.

S'il vous plaît?

RAIDILLON.

Ralentendo... moins vite.

MÉDÉRIC.

Suffit !

RAIDILLON, battant la mesure. Médéric l'imite.

Une, deux, une, deux, là !.. Ce n'est pas difficile. (A part.) Si j'avais su, j'aurais apporté mon métronome... Recommençons. (On entend frapper à la porte de gauche. S'arrêtant au moment de commencer.) On ne peut pas travailler tranquillement, ici.

MÉDÉRIC.

C'est le prisonnier qui veut être interrogé.

RAIDILLON.

Encore!... Oh! Il nous ennuie! Il n'y a pas une demi-heure qu'il est arrêté... Et puis, ça ne me regarde pas... Quand mon collègue Pluchard viendra, il l'interrogera... Je ne suis pas d'ici, moi !... (Tirant sa montre.) Neuf heures!... Il m'avait promis d'être revenu à huit heures et demie... (On frappe.) Il est assommant! (Se levant, à Médéric.) Allez lui dire qu'on s'occupera de lui dans un instant.

MÉDÉRIC.

Suffit!

Il entre dans la cellule, troisième plan à gauche.

RAIDILLON, seul, venant en scène, son basson sous le bras.

Pluchard ne peut tarder... il est en retard... Je suis venu de Saint-Amand pour le remplacer aujourd'hui, parce que ça ne me dérangeait pas. J'étais invité ce soir, ici, à Verpajoux, chez le percepteur... Nous devons faire de la musique de chambre... J'ai promis un solo de basson... Il faut que j'y sois avant dix heures, et que j'aie le temps de repasser mon solo. Il y a un satané passage... avec un grupetto, que.je ne peux pas attraper...

MÉDÉRIC, qui est rentré.

Il a dit que si on ne l'interroge pas tout de suite, il fera une plainte.

RAIDILLON, posant son basson sur le bureau.

Il est enragé!... Eh bien, amenez-le!... Qu'est-ce qu'il a fait, cet homme-là?

MÉDÉRIC.

Je ne sais pas.

RAIDILLON, effaré.

Comment, vous ne savez pas?

MÉDÉRIC.

Non! Tout à l'heure, un monsieur est venu me dire: « Courez à la Licorne Bleue, arrêter M. Fernand Girardot. »

RAIDILLON.

Arrêter!... arrêter!... Et vous ne lui avez pas demandé pourquoi?

MÉDÉRIC.

Je n'ai pas osé... il était en habit.

RAIDILLON.

Sacrebleu!... J'ai cru que vous connaissiez le motif... C'est absurde!... Alors, si on vous avait dit d'aller arrêter la lune, vous y seriez allé!... Qu'est-ce que je vais dire à Pluchard quand il reviendra?... Qu'est-ce qu'il a bien pu faire, cet individu-là?

MÉDÉRIC, timidement.

On pourrait peut-être le lui demander.

RAIDILLON.

C'est une idée... Elle vous vient un peu tard, mais enfin, c'est une idée... Amenez-le... Je vais l'interroger.

MÉDÉRIC.

Suffit !

RAIDILLON.

Et puis, il faudra lui faire un dossier.

MÉDÉRIC, allant au cartonnier, à gauche.

Il est fait : le voici.

RAIDILLON, étonné, le prenant.

Déjà !

Médéric sort à gauche, troisième plan.

SCÈNE II

RAIDILLON, FERNAND, MÉDÉRIC.

RAIDILLON, seul.

Il n'y a peut-être jamais d'arrestation dans ce pays-
ci... Il faut que ça tombe justement aujourd'hui. Rendez donc service à un collègue. (Regardant le dossier.)
« Affaire Girardot. » Je vais jeter un coup d'œil sur le
dossier... J'apprendrai peut-être quelque chose. (Lisant.)
« Nom : Fernand Girardot, adresse inconnue, motif de
l'arrestation, inconnu... » Et c'est tout. Il est joli, le
dossier. Je savais tout ça. (Il va au bureau.) Enfin ! Il y
en a encore qui en ont de moins complets. (Voyant entrer Fernand.) Le voici !

Il s'assied au bureau.

FERNAND, entrant vivement, troisième plan à gauche, accom-
pagné de Médéric.

Ah ! ce n'est pas malheureux... Depuis une heure
que vous me faites attendre !... (A part.) Ils ont été
jusqu'à me faire arrêter ! Enfin ! Je vais pouvoir m'expliquer.

RAIDILLON [*].

Votre nom, monsieur?

FERNAND.

Mon nom?... Vous le connaissez bien!

RAIDILLON.

Sans doute... Mais je suis forcé, pour contrôler...

FERNAND.

Abrégeons. Fernand Girardot, trente-cinq ans, Paris, 2, rue Taitbout.

RAIDILLON, écrivant.

Girardot, deux ans, 35, rue Taitbout.

FERNAND.

C'est le contraire... mais toutes ces formalités sont inutiles.

RAIDILLON, écrivant.

Célibataire ?

FERNAND.

Non.

RAIDILLON.

Ah ! marié?

FERNAND.

En train.

RAIDILLON, le regardant.

Vous dites ?

FERNAND.

Je dis que si, pour établir le mariage, vous vous contentez de la mairie et de l'église, je suis marié, mais s'il vous faut autre chose, comme à moi, je ne le suis pas.

[*] Fernand, Médéric au fond, Raidillon.

RAIDILLON, à part.

Qu'est-ce qu'il me raconte là ! (Haut.) Vous savez de quoi l'on vous accuse ?

FERNAND, frappant sur le bureau.

Certainement, mais je ne comprends pas que la justice prête la main à des...

RAIDILLON.

Monsieur !

FERNAND, achevant sa pensée.

Choses pareilles !

RAIDILLON, railleur.

Oui, tous nos clients commencent par dire ça. Malheureusement vous avez un dossier.

FERNAND.

Un dossier !... moi... J'ai un dossier !... Eh bien ! je ne serais pas fâché de le voir !

Il veut le prendre.

RAIDILLON, l'empêchant.

Impossible !... (A Médéric.) Médéric, empêchez monsieur de... (A Fernand.) Personne n'a le droit de lire ces notes.

FERNAND, prenant le morceau de musique.

Ce sont des notes de musique.

RAIDILLON, à part.

Mon solo !... (Haut, reprenant le morceau.) C'est autre chose... Ça fait partie du dossier d'un chef d'orchestre.

FERNAND, prenant le basson.

Ce basson aussi ?...

Il gagne la gauche en examinant le basson.

RAIDILLON, se levant et le suivant.

Justement... C'est un basson... à conviction. (A part.)

Oh ! il m'ennuie !... (Haut.) D'abord, ce que vous pouvez me dire et rien, c'est absolument la même chose.

Il reprend son basson.

FERNAND.

C'est du parti pris ! mais vous m'entendrez ! Je suis contribuable, j'ai le droit d'être entendu.

RAIDILLON.

Ce n'est pas la peine.

FERNAND.

Vous êtes charmant, vous ! Je voudrais bien vous voir à ma place ! (Se radoucissant.) Voyons, rappelez-vous votre première nuit de noces.

RAIDILLON.

Je ne suis pas marié !... je suis encore jeune homme.

FERNAND, furieux.

Vous n'êtes pas marié !... Alors, ce qui m'arrive, ça vous est égal, n'est-ce pas ? On devrait interdire le célibat aux fonctionnaires.

MÉDÉRIC, ricanant.

Oh ! oh !

FERNAND.

Oui, monsieur, parce qu'il y a des cas qu'ils sont incapables d'apprécier, le mien, par exemple.

RAIDILLON, à part, posant son basson.

Il va plaider ! (Haut.) Vous direz tout ça au tribunal.

FERNAND.

Voyons, jeune homme... Je suis innocent, que diable !... Si mon beau-père n'a pas voulu me croire, c'est qu'il a des idées de province ! Il n'est pas dans le mouvement. Il n'a peut-être jamais eu de maîtresse ! Mais ce n'est pas ma faute.

RAIDILLON.

La mienne non plus.

FERNAND.

Mais mon ami Marcel la connaît, lui, la situation...
je vais le chercher.

Il remonte.

RAIDILLON.

Halte-là! Voyons, un peu de patience. Pluchard va
revenir.

FERNAND.

Pluchard?

RAIDILLON.

Vous lui expliquerez vos raisons; moi, je ne suis
pas le juge de paix.

FERNAND.

Vous n'êtes pas le juge de paix?

RAIDILLON.

Je le remplace... Mais il va rentrer d'un instant à
l'autre.

FERNAND.

Et s'il ne rentre pas?

RAIDILLON.

Ne pas rentrer! (A part.) Et mon solo de basson!

FERNAND.

Eh bien! Je l'attends.

Il s'assied sur la chaise à gauche.

RAIDILLON.

Je veux bien, mais pas ici.

FERNAND, se levant et désignant la cellule.

Si vous croyez que je vais rentrer là dedans, ah,
non! J'ai déjà eu assez de mal à en sortir.

7

RAIDILLON.

Alors, je vais être forcé de vous y faire reconduire. Médéric, emmenez monsieur.

FERNAND.

C'est de l'arbitraire, et si je couche ici, je vous réponds que je me plaindrai à qui de droit.

RAIDILLON, à part.

Ça regarde Pluchard.

MÉDÉRIC.

Allons, venez.

FERNAND, se rebiffant.

Oui, j'y vais, parce que je ne peux pas faire autrement. (A part.) Si je pouvais faire prévenir Marcel. (Il se dirige vers la cellule et au moment d'entrer il se retourne vers Médéric.) J'y vais... parce que je ne peux pas faire autrement!...

Il entre, suivi de Médéric.

SCÈNE III

RAIDILLON, MÉDÉRIC, puis JULIA.

RAIDILLON, seul.

Après tout, il s'arrangera avec Pluchard. Il n'a pas l'air bien dangereux, ce criminel-là!... Voyons ce passage.

Il va à gauche du bureau, prend son basson, met son morceau sur le bureau et se prépare à jouer. — Médéric rentre et reste au fond près de la porte de la cellule.

JULIA, entrant à part.

Ça doit être ici. (A Médéric.) La justice de paix?

MÉDÉRIC.

Vous y êtes.

JULIA, sans voir Raidillon qui lui tourne le dos *.

Merci. (A part.) Fernand arrêté! Je vais tout avouer
à la justice... il faut étouffer cette affaire ; une enquête
pourrait révéler des choses désagréables pour moi.
(Raidillon souffle dans son basson, Julia pousse un cri.) Ah!

RAIDILLON, en entendant le cri de Julia, s'arrête et regarde
son instrument, très étonné.

Tiens?

JULIA, l'apercevant.

Ah! monsieur!

RAIDILLON, à part, se retournant.

Une dame? (Haut, aimable.) Vous désirez, madame?
Il pose son instrument et s'avance vers Julia.

JULIA.

M. le juge de paix?

RAIDILLON, à part.

Elle est charmante. (Haut, très aimable.) C'est moi.

JULIA.

Je viens au sujet de la personne que vous avez arrêtée tout à l'heure.

RAIDILLON, vivement.

Vous savez pourquoi je l'ai arrêtée?

JULIA.

Oui, monsieur.

RAIDILLON.

Vraiment? Asseyez-vous donc.

JULIA, refusant.

Merci... Ce que j'ai à vous dire est tout à fait confi-
dentiel... Mais, d'abord, sommes-nous bien seuls?

RAIDILLON.

Absolument.

* Julia, Médéric au fond, Raidillon.

JULIA, désignant Médéric.

Mais, cet homme?

RAIDILLON.

Le garde champêtre? Ça n'a pas d'importance. D'ailleurs...

Il fait signe à Médéric de sortir. Médéric sort par le fond.

JULIA.

C'est que j'ai le plus grand intérêt à ce que personne ne me voie ici.

RAIDILLON.

Vous tombez bien, c'est notre morte saison.

JULIA.

Ma situation en dépend. Il s'agit d'une chose tellement délicate, mais il le faut... Quand je me suis mariée...

RAIDILLON, très galant.

Ah! vous êtes?... Je ne plains pas votre mari.

JULIA.

Mon mari? ne m'en parlez pas... Je ne veux pas y penser.

RAIDILLON, à part.

Tiens, tiens, tiens !

JULIA.

S'il se doutait de la vérité!... Il ne faut pas qu'il l'apprenne... Et c'est là le but de ma démarche.

RAIDILLON.

Madame, mon dévouement vous est acquis... Et si même, en dehors de mes fonctions...

JULIA.

Je vous remercie... D'abord, monsieur, il faut que je vous raconte...

COLARDIN, dehors.

Il est là?... Très bien!

JULIA, à part.

M. Colardin! (Haut.) Cachez-moi, monsieur, cachez-
moi!

RAIDILLON.

Mais, madame...

JULIA.

Vite! vite!...

Elle se dirige vers la cellule de Fernand.

RAIDILLON.

Pas par là!

JULIA.

Où?

RAIDILLON.

Par ici...

Il la fait entrer dans la pièce, premier plan à gauche.

JULIA.

Merci!

Elle entre à gauche.

RAIDILLON, gagnant la droite.

Au moment où elle allait m'apprendre!... Ce n'est
pas de chance! Car enfin, je ne sais rien, moi!

Il s'assied à droite de son bureau.

SCÈNE IV

RAIDILLON, COLARDIN, MÉDÉRIC.

MÉDÉRIC, entrant.

Monsieur, c'est un monsieur qui demande à parler à
monsieur.

RAIDILLON.

Faites entrer.

Il s'absorbe dans la lecture de papiers.

MÉDÉRIC, criant à Colardin au-dehors.

Vous pouvez pénétrer !

Il s'efface pour laisser entrer Colardin et va s'asseoir devant la porte de la cellule.

COLARDIN entre, salue Raidillon et, voyant que celui-ci est occupé à lire, il descend à gauche. — A part *.

J'en reviens à mon idée, un poison violent dans un apéritif quelconque. Tout à l'heure, il était en liberté, il pouvait encore espérer s'en tirer et il a refusé ma solution ; je le comprends. Mais maintenant qu'il est en prison, et qu'il n'a plus espoir d'échapper au châtiment, il ne peut pas ne pas accepter.

RAIDILLON, à part, l'examinant.

Qu'est-ce qu'il vient faire, celui-là ?

COLARDIN, à part.

Il n'aime pas le malaga... ni le madère... chacun son goût, mais on aime toujours quelque chose. Aussi, pour ne pas perdre encore notre temps et savoir ce qu'il préfère, je lui apporte quelques échantillons. (Il tire des petites bouteilles de ses poches.) S'il ne trouve pas son affaire là-dedans, c'est qu'il sera difficile !... Franchement, je ne peux pas y mettre plus de délicatesse !

RAIDILLON, s'impatientant.

Pardon, monsieur, est-ce que vous n'allez pas bientôt me dire ce que vous voulez ?

COLARDIN, faisant disparaître les petites bouteilles dans ses poches.

Je suis à vous. (Il va au bureau.) Monsieur, je suis le beau-père.. le beau-père momentané.

---

* Médéric au fond, Colardin, Raidillon assis au bureau.

RAIDILLON.

Le beau-père?... De qui?

GOLARDIN.

De ce... Fernand Girardot.

RAIDILLON.

Le détenu?

GOLARDIN, à part.

Le détenu!... Il n'a déjà plus de nom!

RAIDILLON.

Vous venez pour l'affaire de la Licorne Bleue?

GOLARDIN.

Précisément.

RAIDILLON.

Asseyez-vous donc.

Il lui désigne la chaise qui est à gauche du bureau.

GOLARDIN, debout.

Avant de m'asseoir, monsieur, laissez-moi vous féliciter de votre perspicacité admirable, car enfin, personne ne se doutait encore...

RAIDILLON, avec importance.

Rien n'échappe à la justice.

GOLARDIN.

C'est merveilleux! Je ne saurais trop vous répéter combien je trouve ça merveilleux. (Il s'assied et se lève vivement en poussant un cri.) Oh!

RAIDILLON.

Quoi?

GOLARDIN.

Rien, c'est un échantillon. (Il se rassied.) Puisque vous êtes au courant de l'affaire...

RAIDILLON, frappant de la main sur e dossier.

J'ai le dossier.

COLARDIN, continuant.

Je ne vous la rappellerai pas.

RAIDILLON, vivement.

Nous pourrions tout de même en causer un peu.

COLARDIN.

Non, vous devez comprendre combien ce sujet m'est pénible.

RAIDILLON, à part.

Diable !

COLARDIN.

Mais, avant d'aller plus loin, j'aurais besoin d'un renseignement. Son cas est bien prévu par la loi, n'est-ce pas ?

RAIDILLON.

Ils le sont tous.

COLARDIN.

Croyez-vous que ça ira jusqu'aux travaux forcés à perpétuité ?

RAIDILLON, à part, sursautant.

C'est si grave que ça ?

COLARDIN.

Dites ! N'ayez pas peur de m'effrayer.

RAIDILLON, d'un air embarrassé.

Hé ! hé !

COLARDIN.

C'est bien ce que je pensais... et cette affirmation, venant d'une personne aussi compétente, m'enlève tout scrupule. Vous comprenez combien j'ai à cœur d'éviter le retentissement déplorable d'une pareille affaire, qui serait, en même temps, la honte de mes ancêtres et de mes descendants!... Sans compter le désespoir de Léonie.

RAIDILLON, ne comprenant pas.

Léonie?

COLARDIN.

Oui... ma fille... (Désignant le dossier.) Vous avez le nom dans le dossier.

RAIDILLON.

Oui, oui.

COLARDIN.

Elle est dans un état!... Elle était là quand l'autre est entrée... l'autre, la première, la seule... et rien à lui dire! Elle connaissait la vue du Casino.

RAIDILLON, comprenant de moins en moins.

Le Casino?

COLARDIN.

Oui... Et Sophie?

RAIDILLON.

Sophie?

COLARDIN.

Ma femme... Vous avez le nom dans le dossier.

RAIDILLON.

Oui, oui.

COLARDIN.

Elle voulait l'étrangler! Dame! ça se comprend, une mère!

RAIDILLON.

Elle voulait étrangler sa fille?

COLARDIN.

Non, lui!... Grinchon aussi voulait l'étrangler, il avait déjà retiré son paletot, mais il l'a remis quand

7.

il a compris sa situation, car il n'est que le second ; il n'a plus aucun droit sur sa femme, et comme il l'adorait, il est désolé, ce pauvre Grinchon.

RAIDILLON.

Grinchon ?

COLARDIN.

Vous avez le nom... Ah! ça, mais vous n'avez donc pas lu votre dossier ? Vous n'avez pas l'air de comprendre ce que je vous dis ?

RAIDILLON.

Si, si. (A part.) Ce qu'il y a de monde dans cette affaire-là !

COLARDIN.

J'avais trouvé une solution... un trait de génie... au malaga.

RAIDILLON.

Au malaga ?

COLARDIN, désignant le dossier.

C'est dans le... c'est-à-dire non, c'est dans ma poche... Mais il a refusé, seulement maintenant sa position n'est plus la même, et je suis sûr qu'il acceptera. J'ai donc une grâce à vous demander. (Geste de Raidillon.) Oh ! rassurez-vous, pas la sienne.

RAIDILLON, modestement.

Du reste, je ne suis que magistrat.

COLARDIN.

Je voudrais simplement causer quelques instants avec ce... excusez-moi si je ne trouve pas le mot, mais il n'y en a qu'un... avec ce saltimbanque.

RAIDILLON.

Impossible, il est au secret.

COLARDIN.

Il ne doit pas avoir de secret pour moi, son beau-
père.

RAIDILLON.

Ce n'est pas une raison.

COLARDIN, se levant.

Vous refusez? Comme il faut absolument que je le
voie, je vais m'adresser au président du tribunal.

Il remonte.

RAIDILLON, se levant, à part.

Le président? (Haut.) Vous le connaissez?

COLARDIN.

C'est mon meilleur client.

RAIDILLON, allant à Colardin.

Du moment où vous avez des références sérieuses...
(A part.) Pendant ce temps-là, j'interrogerai cette dame.
(Haut.) Médéric, conduisez monsieur chez le prisonnier.

COLARDIN, à Raidillon.

Merci. J'ai vu bien des juges de paix...

RAIDILLON.

Je ne suis que suppléant.

COLARDIN.

Vous n'en avez que plus de mérite... Mais je n'ai
jamais vu comprendre une situation avec autant d'in-
telligence. Merci. (A part, en montrant ses échantillons.) C'est
bien le diable si, dans la quantité, il ne trouve pas
quelque chose à son goût. (Haut à Raidillon, en sortant.)
Monsieur de la magistrature, j'ai bien l'honneur...
Encore merci!

Il disparaît dans la cellule.

SCÈNE V

RAIDILLON, SOPHIE, GRINCHON, MÉDÉRIC.

RAIDILLON, seul.

Qu'est-ce que cette affaire-là ?... Et Pluchard qui ne revient pas !... Cette dame qui est là va m'éclairer ! (Il se dirige vers la porte de gauche premier plan et voyant entrer Sophie et Grinchon.) Quelqu'un !

SOPHIE *.

C'est bien à M. le juge de paix que nous avons l'honneur...

GRINCHON.

Oui, je le reconnais. C'est vous qui avez arrêté.

RAIDILLON.

Parfaitement.

SOPHIE.

Monsieur, je suis la belle-mère.

RAIDILLON.

La belle-mère ? de qui ?

SOPHIE.

Du prisonnier.

RAIDILLON, à part.

Toute la famille va y passer !

GRINCHON, larmoyant.

C'est-y du guignon ce qui m'arrive.

SOPHIE.

Ne pleurez donc pas tout le temps comme ça !

* Raidillon, Sophie, Grinchon.

RAIDILLON, à Sophie.

Vous auriez bien pu venir en même temps que votre
mari au lieu de faire deux fournées.

SOPHIE.

Mon mari est ici?

RAIDILLON.

Oui, avec le détenu.

SOPHIE.

Qu'est-il venu faire ?

RAIDILLON, levant les bras.

Ah ! ça !

SOPHIE.

Une dernière tentative peut-être?

GRINCHON, remontant vers la cellule.

Je vais y aller.

RAIDILLON, allant à lui.

Connaissez-vous le président du tribunal?

GRINCHON.

Non.

RAIDILLON.

Alors restez là.

Ils redescendent tous les deux *.

SOPHIE.

Oui, laissez faire Edmond. Pourvu que mon enfau
me reste ! (A Raidillon.) Qu'en pensez-vous?

RAIDILLON.

C'est une consultation, alors !

SOPHIE.

Croyez-vous qu'il ait encore des droits sur Léonie ?

* Médéric, au fond, Grinchon, Raidillon, Sophie.

GRINCHON.

Mais non, puisqu'il va reprendre Julia. C'est dans le code.

RAIDILLON, à Grinchon.

Et vous... Qu'est-ce que vous venez faire ici ?

GRINCHON.

Moi, je viens déposer.

RAIDILLON.

Déposer ? quoi ?

SOPHIE.

Comme témoin. Il est mêlé à l'affaire.

GRINCHON.

Je suis le mari de la femme du gendre de madame.

RAIDILLON, cherchant à comprendre.

Hein ?... Vous êtes le gendre de madame ?

SOPHIE.

Ah ! plût au ciel !

GRINCHON.

Mais non, je suis le mari de la femme de son gendre.

SOPHIE.

Vous comprenez ?

RAIDILLON.

Oui, oui, oui ! (A part.) Je ne comprends rien du tout.

GRINCHON.

Et encore, quand je dis que je suis le mari...

SOPHIE.

Il ne l'est plus.

RAIDILLON.

Vous ne l'êtes plus ?

GRINCHON.

Je l'ai été.

RAIDILLON.

Vous l'avez été ?

SOPHIE.

Sans l'être.

RAIDILLON, à part.

Oh ! ma tête ! ma tête !

GRINCHON.

Célibataire marié... ni chair ni poisson, quoi !...

RAIDILLON, ahuri.

Ah ! il est cher, le poisson ?

GRINCHON.

Ce qu'on va se ficher de moi à Pont-l'Evêque !

RAIDILLON, perdant patience.

Allez-vous promener !

Il passe à droite.

SOPHIE.

Voilà tout ce que vous trouvez à nous dire?

GRINCHON.

Pour nous consoler ?

RAIDILLON, à part.

Ils me rendront fou !

SCÈNE VI

Les Mêmes, SATURNIN.

SATURNIN, entrant et parlant au dehors.

En voilà un malappris !

RAIDILLON, à part.

Encore un !

SATURNIN *.

Oh ! ma tante !

RAIDILLON.

Il est aussi de la famille !

Il s'assied désespéré à son bureau, à droite.

SOPHIE, à Saturnin.

Qu'est-ce que tu veux ?

SATURNIN, à Raidillon.

Je voudrais parler au prisonnier.

GRINCHON, à Saturnin.

Connais-tu le président du tribunal ?

RAIDILLON.

Non ? Eh bien, allez faire sa connaissance.

SATURNIN.

Je n'ai pas le temps. Je viens demander au nommé Girardot un certificat pour faire publier mes bans.

GRINCHON.

Tu te maries ?

SATURNIN.

Avec ma cousine.

SOPHIE.

Oui, mais pas ce soir.

RAIDILLON.

Ce n'est pas la mairie, ici ! (A part.) Je me disais aussi, ils doivent se tromper, tous ces gens-là. (Haut.) C'est en face... allez !

SATURNIN.

J'en viens. J'ai même eu une discussion avec le so-

* Médéric, Grinchon, Sophie, Saturnin, Raidillon.

crétaire... il était couché... je l'ai fait lever. Et quand
je lui ai donné le nom de la future, il m'a ri au nez, en
me disant : « Elle s'est mariée, ce matin. » « — Je sais
bien, mais ce soir elle est veuve. » Alors, il m'a ré-
pondu : « Veuve ? Il faut attendre dix mois. » J'ai ri-
posté : « C'est un cas particulier, je connais ce mari, il
pourra certifier qu'il n'y a pas d'inconvénient. » Là-
dessus, il m'a fermé la porte au nez. Alors, il me faut
mon certificat pour demain matin.

RAIDILLON, hors de lui.

Vous reviendrez demain soir !

SATURNIN.

Mais ça me fera un jour de perdu.

SCÈNE VII

LES MÊMES, COLARDIN.

Colardin sort vivement de la cellule, Médéric, qui dormait,
assis sur la chaise devant la porte, tombe par terre.

COLARDIN.

Animal !

MÉDÉRIC, se relevant.

Le prisonnier qui s'échappe !

Il saisit Colardin au collet.

COLARDIN, descendant *.

Lâchez-moi donc !

RAIDILLON, se levant, à Médéric.

C'est le beau-père !

Médéric lâche Colardin et retourne au fond.

* Grinchon, Colardin, Médéric, Sophie, Saturnin, Raidillon.

COLARDIN.

Comment! Il veut m'arrêter ?... Moi? Qu'est-ce que c'est que ça?

SOPHIE.

Eh bien! Tu l'as vu?

GRINCHON.

Quoi de nouveau?

COLARDIN.

Rien, il n'a pas voulu me dire son goût. J'ai bien cru un instant que l'amer Picon allait faire son affaire, mais non... Il est entêté comme un âne rouge!

GRINCHON.

Il prétend que Julia n'était pas sa femme?

SOPHIE.

Malheureusement, ce n'est que trop vrai.

SATURNIN.

Heureusement, au contraire.

COLARDIN.

Il n'en veut pas démordre; c'est toujours la même histoire.

RAIDILLON, qui s'est approché depuis un instant.

Quelle histoire? Je voudrais pourtant bien en être à la fin!

COLARDIN.

Comment, quelle histoire? (Aux autres.) Il n'a pas lu le premier mot de son dossier. (Passant à Raidillon.) * Non, monsieur, vous ne l'avez pas lu!... J'ai été obligé tout à l'heure de vous rappeler les noms. (Aux autres.) Il ne se rappelait même plus les noms.

RAIDILLON.

Mais, monsieur...

* Grinchon, Sophie, Saturnin, Colardin, Raidillon.

COLARDIN.

Enfin, qu'est-ce que vous avez fait depuis l'arrestation?

SOPHIE.

Rien du tout.

GRINCHON.

Vous n'avez même pas pris nos dépositions par écrit.

SATURNIN.

Ni appelé un seul témoin.

COLARDIN.

Ce n'est pas à nous à nous occuper de tout ça; ça vous regarde.

RAIDILLON, à part.

Je n'ai qu'un moyen d'en sortir. (Haut.) Asseyez-vous! Asseyez-vous tous!

Ils s'assoient : Grinchon sur la chaise de gauche, Sophie et Saturnin sur la banquette du fond.

COLARDIN, prenant la chaise près du bureau.

Nous voulons bien nous asseoir, (A Raidillon.) pour ne pas vous contrarier, mais ce n'est pas ça qui avancera l'affaire.

RAIDILLON, à Médéric.

Amenez le prisonnier.

Médéric entre dans la cellule.

COLARDIN, debout.

Pourquoi faire?

RAIDILLON.

Pour vous confronter avec lui.

COLARDIN, s'asseyant au fond près des autres.

Soit, ça nous va.

RAIDILLON, s'asseyant au bureau.

A moi aussi. (A part.) J'apprendrai quelque chose au moins.

SOPHIE.

Cette idée de me retrouver en sa présence...

COLARDIN.

Pas d'émotion.

GRINCHON.

Coquin de sort, va!

SATURNIN, se levant.

L'interrogatoire! Si j'allais recueillir la déposition de Pavillon?

COLARDIN.

Au fait, l'indigestion, l'entorse, très précieux pour l'enquête... Va!

SATURNIN, à part.

En revenant, j'irai voir ma future!

Il sort par le fond.

RAIDILLON, à part, regardant sa montre.

Je n'arriverai jamais! (A Médéric, qui rentre.) Eh bien?

Ils se lèvent.

MÉDÉRIC.

Il ne veut pas venir.

COLARDIN, se levant.

Il refuse de venir. Alors, allons-y tous.

Ils se lèvent tous et se dirigent vers la cellule.

MÉDÉRIC, allant à Raidillon.

Mais voilà une lettre que je viens de surprendre.

Il la montre.

COLARDIN, redescendant avec les autres.

Une lettre? Pour moi?...

Il va pour la prendre.

* Grinchon, Sophie, Colardin, Médéric, Raidillon.

RAIDILLON, prenant la lettre. — Médéric remonte.

Permettez. (Lisant la suscription.) Prière de faire parvenir à M. Marcel Aubry, à la Licorne Bleue.

GOLARDIN.

Son ami intime!

SOPHIE.

Son complice!

RAIDILLON, à part.

Un document, enfin!

GRINGION.

Lisez donc.

RAIDILLON.

Je vais lire, monsieur!

Il ouvre la lettre.

GOLARDIN.

Il me fait bouillir!

RAIDILLON, après avoir regardé la lettre.

Je ne comprends pas.

GOLARDIN, prenant la lettre.

Donnez.

GRINGHON.

Il ne sait même pas lire.

RAIDILLON.

Comment, monsieur!...

GOLARDIN.

Vous ne savez pas lire son écriture, voilà ce qu'il a voulu dire... Mais, moi, je sais très bien lire son écriture. (Regardant la lettre.) Je ne comprends pas non plus... c'est de l'argot.

SOPHIE, regardant la lettre.

Tu lis à l'envers.

COLARDIN.

C'est vrai. (A Raidillon, qui ricane.) C'était pour m'assurer que la lettre n'avait pas un double sens.

SOPHIE.

Lis donc!

COLARDIN, lisant.

« Amène-moi ma femme. » Signé : « Fernand. »

TOUS.

C'est tout?

COLARDIN.

C'est tout.

GRINCHON.

Sa femme!... Laquelle?...

SOPHIE.

Léonie.

COLARDIN.

Non, Julia.

GRINCHON.

Voilà! nous n'en savons rien.

RAIDILLON.

Vous parliez tout à l'heure d'une madame Picon, c'est peut-être celle-là.

COLARDIN.

Non, l'amer Picon!... ce n'est pas madame Picon.

RAIDILLON, ahuri.

Mais enfin, laquelle?

COLARDIN.

Si nous le savions, nous serions fixés.

SOPHIE.

Il le sait lui, puisqu'il la demande.

RAIDILLON.

Ah ça, mais c'est un meeting !

Il va s'asseoir au bureau.

COLARDIN.

C'est bien simple, expédions la lettre et attendons la femme qu'il envoie chercher. (A Raidillon.) Faites porter cette lettre.

RAIDILLON, prenant la lettre.

Mon document !

COLARDIN.

Il le faut bien pour chercher la femme. Cherchons la femme.

RAIDILLON, à Médério.

Tenez, cette lettre à son adresse. (A part.) Pluchard se débrouillera.

Médério sort avec la lettre.

GRINCHON.

Nous allons être fixés.

COLARDIN.

Maintenant, nous allons nous retirer. (A Raidillon.) Avez-vous une pièce où nous puissions attendre ?

RAIDILLON.

Attendre ?

COLARDIN.

Naturellement. Cette dame, si elle nous aperçoit, elle n'entrera pas. (Désignant la pièce où est Julia.) Entrons là.

RAIDILLON.

Non ! non !

SOPHIE.

Où ça ?

RAIDILLON.

Là.

Il désigne la porte de droite, troisième plan. Sophie se dirige vers la porte, suivie de Grinchon et de Colardin.

COLARDIN, à Raidillon.

Et quand cette dame arrivera, prévenez-nous.

RAIDILLON.

Oui, oui, allez!

SOPHIE, se retournant au moment de sortir. — A Grinchon.

Sa femme... laquelle?

Elle sort.

GRINCHON, même jeu. — A Colardin.

C'est-il du guignon, ce qui m'arrive!

Il sort derrière Sophie.

COLARDIN, à Raidillon.

Il dit que c'est du guignon! Au contraire, puisqu'il redevient garçon.

Il sort derrière Grinchon.

SCÈNE VIII

RAIDILLON, puis LÉONIE, MARCEL et MÉDÉRIC.

RAIDILLON, seul.

C'est moi qui l'ai, le guignon! Enfin, m'en voilà débarrassé... Allons retrouver la dame. (Il se dirige vers la pièce où est Julia, ouvrant la porte.) Madame! Je suis seul!... Madame!... Est-ce qu'elle serait partie? (Il regarde dans la pièce.) Allons, bien! elle est évanouie! Et pas de vinaigre! Que faire? (Apercevant le verre d'eau sur le bureau.) Ah! (Il remplit un verre d'eau.) Je vais lui vider ça dans le dos.

Il va entrer chez Julia au moment où Léonie paraît avec Marcel.

MARCEL, au fond *.

Entrez, madame, vous n'avez rien à craindre.

RAIDILLON, s'arrêtant, à part.

Encore des gêneurs!... Oh!

LÉONIE.

Où est-il?

MARCEL, à Raidillon.

Monsieur, nous voudrions parler à...

RAIDILLON, impatienté.

Elle est évanouie, je n'ai pas le temps.

Il jette avec la main des gouttes d'eau dans la direction de Julia.

LÉONIE.

Qu'est-ce qu'il fait, il arrose?

MARCEL.

Quel drôle de juge de paix!

LÉONIE.

Monsieur, je viens pour voir mon mari.

RAIDILLON, se retournant.

Votre mari?... Vous seriez la femme?...

MARCEL.

De Fernand... J'ai reçu une lettre tout à l'heure...

A IDILLON.

Parfaitement. (A part.) C'est la femme!

Médéric entre.

LÉONIE.

Ne me refusez pas, monsieur.

RAIDILLON.

Comment donc! (A part.) Je n'ai plus besoin de l'au-

* Raidillon, Léonie, Marcel.

8

tre. (Il jette le contenu du verre, dans la pièce où est Julia. —
A Médéric.) Allez chercher le prisonnier, l'entrevue
aura lieu ici, en ma présence.

> Médéric entre dans la cellule et Marcel se dirige vers la
> droite.

LÉONIE.

Merci, monsieur.

RAIDILLON.

Asseyez-vous. (Il fait asseoir Léonie sur la chaise de gauche, devant le cartonnier. — A part.) Je vais prévenir les
autres. (Il se dirige vers la porte de droite troisième plan, mais
en apercevant Marcel, qui s'est approché du bureau et a pris le
basson, il lui crie :) Hé ! là-bas, ne touchez pas, c'est une
pièce à conviction.

MARCEL, maniant le basson.

Ça me connaît.

RAIDILLON, descendant vivement *.

Vous en jouez ?

MARCEL.

Un peu !... Lauréat du Conservatoire.

RAIDILLON.

Vraiment ?... Alors vous pourriez me rendre un
grand service. (Prenant le morceau de musique sur le bureau.)
Voilà un morceau que je dois jouer ce soir, et il y a un
passage que je ne comprends pas... Jouez-le moi donc
une fois, hein ?

MARCEL, à part.

Je vais ménager un tête-à-tête à Fernand. (Haut.)
Avec plaisir, mais le prisonnier que vous avez envoyé
chercher ?

RAIDILLON, réfléchissant.

Diable ! Il va nous gêner.

* Léonie, Raidillon, Marcel.

MARCEL.

Ne pourrions-nous pas passer à côté?

RAIDILLON, après un moment d'hésitation, désignant la
porte de droite, premier plan.

Si, tenez, là... allons-y! (A part.) Quant aux autres,
je les préviendrai tout à l'heure.

MARCEL, au moment d'entrer.

Passez donc!

RAIDILLON, refusant.

Je vous en prie.

MARCEL, à part.

Je crois que Fernand n'en sera pas fâché.
Il entre premier plan à droite, en emportant le basson.

RAIDILLON, à part, avec ravissement.

Un lauréat du Conservatoire!
Il va suivre Marcel au moment où paraît Médéric suivi de
Fernand.

SCÈNE IX

RAIDILLON, LÉONIE, FERNAND, MÉDÉRIC.

FERNAND, entrant vivement, à Raidillon, sans voir Léonie *.

Le juge de paix est arrivé?

LÉONIE, à part, se levant.

Lui!

RAIDILLON, sur le pas de la porte.

Pas encore. (A Médéric.) J'autorise le détenu à causer
ici cinq minutes avec madame.

---

* Léonie, Médéric, Fernand, Raidillon.

MÉDÉRIC.

Suffit!

Il va s'asseoir au fond à gauche.

FERNAND, se retournant et voyant Léonie, à part.

Léonie!

RAIDILLON.

Lauréat du Conservatoire!

Il entre, premier plan à droite.

SCÈNE X

LÉONIE, FERNAND, MÉDÉRIC.

FERNAND.

Ma chère Léonie, que vous êtes gentille d'être venue!

LÉONIE.

Ne m'approchez pas, monsieur!

FERNAND.

Vous me dites monsieur?

LÉONIE.

Ah! pourquoi n'ai-je pas écouté Saturnin!

FERNAND.

Saturnin? Qu'est-ce qu'il vous a dit, Saturnin?

LÉONIE.

Il m'avait prédit que vous finiriez en prison.

FERNAND.

Mais c'est une erreur.

LÉONIE.

Oh! une erreur!

FERNAND.

Oui, il y a des exemples... Rappelez-vous le Courrier de Lyon.

LÉONIE.

Il était garçon, lui, tandis que vous...

FERNAND.

Moi, je suis marié... Avec vous... avec vous seule...

On entend le basson qui joue quelques mesures dans la coulisse. Immédiatement, Médéric, assis au fond à gauche, se met à battre la mesure avec le bras et le pied.

LÉONIE, regardant autour d'elle.

Qu'est-ce que c'est que ça?

FERNAND, même jeu. — Apercevant Médéric.

C'est lui qui fait marcher ça... Ah! non, je sais, c'est le juge de paix qui feuillette le dossier du chef d'orchestre.

Le basson s'arrête.

LÉONIE.

Du chef d'orchestre?

FERNAND.

Oui, la pièce à conviction... (Reprenant.) Alors, vous aussi, vous me croyez coupable?

LÉONIE.

Le moyen de croire le contraire? Cette dame, tout à l'heure, au bal...

FERNAND, à part.

Nous y voilà. (Haut.) Cette dame? je ne la connais pas.

LÉONIE.

Alors, comment expliquez-vous?...

FERNAND.

Je n'explique pas, ça s'expliquera tout seul... Ce

8.

n'est qu'un malentendu... bien cruel, puisqu'il a failli m'enlever votre affection... votre...

> Le basson reprend le même air dans la coulisse. Même jeu de la part de Médéric.

LÉONIE.

Tiens, ça recommence.

FERNAND, désignant Médéric.

Lui aussi. (A part, se tournant du côté de la pièce où est Raidillon.) Pas moyen de causer avec cet animal-là! (Haut.) Et alors je... je ne sais plus ce que je disais... Enfin, vous voilà, c'est le principal.

> Le basson s'arrête.

LÉONIE.

J'ai eu tort de venir.

FERNAND.

Au contraire... Car je ne suis pas coupable, vous en aurez bientôt la preuve... je vous le jure.

LÉONIE.

Vous savez bien que je ne demande qu'à me laisser convaincre.

FERNAND.

Ah! merci!... Il faut que je vous embrasse pour ce mot-là! (Au moment où il va l'embrasser, le basson recommence.) C'est assommant!

MÉDÉRIC, se levant et descendant *.

Les cinq minutes sont écoulées. Allons, rentrez.

LÉONIE.

Déjà!

FERNAND.

Au moment où nous commencions à nous entendre.

MÉDÉRIC.

J'ai ma consigne.

> Le basson s'arrête.

* Léonie, Médéric, Fernand.

FERNAND.

Nous sommes mariés depuis ce matin.

MÉDÉRIC.

J'ai ma consigne qui me défend de vous laisser causer plus de cinq minutes ici. Continuez la conversation par là, si vous voulez.

Il désigne la cellule.

FERNAND, vivement, passant à Léonie.

Mais oui.

LÉONIE.

Oh! seule avec vous!

FERNAND.

J'ai tant de choses à vous dire.

MÉDÉRIC.

Allez! allez! vous réfléchirez après.

FERNAND.

Ne craignez rien... (Il l'entraîne et la fait entrer dans la
cellule, puis au moment de sortir, il se retourne et serrant la
main de Médéric.) Merci!

Il disparaît.

MÉDÉRIC, seul, étonné.

Une poignée de main?... Méfions-nous!

Il ferme la porte à clef.

SCÈNE XI

MÉDÉRIC, JULIA, puis COLARDIN.

JULIA, entrant de gauche, premier plan.

Je n'entends plus rien... Je me sens mieux... Toutes
ces émotions...

MÉDÉRIC, mettant la clef dans sa poche.

Comme ça, je suis tranquille.

JULIA, à Médéric.

Mon ami, M. le juge de paix?

MÉDÉRIC.

Il est occupé, mais il va revenir. Si vous voulez vous asseoir.

Il sort par le fond.

JULIA.

Merci... Il faut absolument que je le voie.

COLARDIN, entrant de droite, troisième plan.

On nous a oubliés. (Apercevant Julia.) Ah! Julia *!

JULIA.

M. Colardin!

COLARDIN, à part.

Elle! c'était bien elle! (Haut.) Vous ne pourrez plus me dire maintenant que vous ne connaissez pas M. Fernand Girardot, puisque c'est vous que M. Marcel a amenée.

JULIA.

M. Marcel? Je ne l'ai pas vu.

COLARDIN.

Ce n'est pas lui qui vient de vous amener à l'instant?

JULIA.

Je suis arrivée depuis une demi-heure.

COLARDIN.

Ah! vous n'allez pas recommencer à me raconter des histoires! A chaque instant, c'en est une nouvelle: mon mari est mort... et puis, il n'est pas mort... et puis, vous ne le connaissez pas... J'en ai assez! Je ne

---

* Julia, Colardin.

suis pas une girouette! Enfin, m'expliquerez-vous ce que vous vene faire ici?

JULIA.

Je vais vous le dire, car cette situation ne peut pas durer, aussi bien pour vous que pour moi. Eh bien, je n'étais pas la femme de Fernand. (Geste de Colardin.) Mais je tenais à votre estime... J'ignorais qu'il était votre gendre... et puis, mon mari était là... et, devant lui, je ne pouvais pas dire autrement.

COLARDIN.

Alors, il n'est pas bigame?

JULIA.

Pas du tout.

COLARDIN.

Mon gendre n'est pas bigame! (A part.) Et moi qui étais venu pour l'empoisonner... Heureusement qu'il n'aime pas les apéritifs! (Haut.) Ah! quel soulagement!

SCÈNE XII

LES MÊMES, GRINCHON.

GRINCHON, entrant de droite, troisième plan.

Il ne revient pas?... (Haut.) Julia!

JULIA, bas, à Colardin *.

Mon mari!

COLARDIN.

Tu arrives bien, c'est arrangé.

* Julia, Colardin, Grinchon.

JULIA, bas, vivement.

Vous n'allez pas lui raconter?...

COLARDIN, à part.

Sapristi ! c'est vrai !

GRINCHON.

Quoi, arrangé ?

COLARDIN.

Je dis... tu arrives bien... mal, il ne fallait pas te déranger.

GRINCHON.

Non, non, tu as dit arrangé. Qu'est-ce qui est arrangé ?

COLARDIN, perdant la tête.

Tout ! (Julia lui pousse le coude.) Non, rien !

GRINCHON.

Oh ! il y a quelque chose ! D'abord, comment madame se trouve-t-elle ici ?

COLARDIN.

C'est bien simple...

JULIA, froidement.

Je vous attendais.

COLARDIN, répétant.

Elle t'attend... (A Julia, bas. — Changeant de ton.) Comment, vous l'attendiez ?

GRINCHON.

Alors la personne de la lettre, c'était bien vous ?

COLARDIN.

Oui, oui.

JULIA.

Non, ce n'était pas moi.

COLARDIN, pataugeant.

Oui, oui, ce n'était pas elle.

JULIA, bas, à Colardin.

Taisez-vous donc !

COLARDIN, répétant à Grinchon.

Taisez-vous donc !

GRINCHON.

Oh ! tout ça, c'est louche.

COLARDIN.

C'est louche, parce que tu le vois de travers.

GRINCHON.

Alors, si elle n'est pas venue, comme étant la femme de Fernand, c'est qu'elle était...

JULIA, allant à Grinchon ; froidement.

Quoi ?... non, mais dites-le, achevez ,votre pensée, j'étais quoi ? Sa maîtresse, n'est-ce pas ? Je vous avais prévenu que vous faisiez une bêtise et que je vous laisserais aller jusqu'au bout.

COLARDIN.

Elle t'avait prévenu, j'étais là.

JULIA.

Vous y êtes allé, c'est bien, je suis fixée maintenant sur vos sentiments et je vois que vous ne m'avez jamais aimée.

GRINCHON.

Moi ! Si on peut dire !

JULIA.

Oui, monsieur, sans quoi vous ne m'auriez pas soupçonnée... Adieu !...

Elle remonte.

* Colardin, Julia, Grinchon.

GRINCHON, désolé.

Elle s'en va ?

COLARDIN.

Dame ! une femme qu'on soupçonne !

GRINCHON.

Elle prétendait qu'elle n'avait qu'un mot à dire pour se justifier ! Pourquoi qu'elle ne le dit pas, son mot ? C'est qu'elle ne peut pas.

JULIA, redescendant.

Vous l'exigez ?... Eh bien, soit !

COLARDIN, à part.

Que va-t-elle lui dire ?

JULIA.

Et quand je l'aurai dit, ce mot, vous tomberez à mes pieds, en demandant pardon, mais il sera trop tard, je n'oublierai jamais que vous m'avez accusée.

COLARDIN.

Grinchon, pas de bêtise, réfléchis, c'est grave.

GRINCHON, après avoir hésité.

Tant pis !

JULIA.

Eh bien, monsieur... apprenez donc...

SCÈNE XIII

Les Mêmes, SATURNIN, SOPHIE.

SATURNIN, entrant du fond, effaré.

Mon oncle ! ma tante ! (Sophie entre.) Où est ma tante ? Ah ! quel malheur !

SOPHIE *.

Quoi ? qu'est-ce qu'il y a?

SATURNIN.

C'est affreux !

COLARDIN.

Parle donc au lieu de geindre !

SATURNIN, montrant une lettre.

Léonie ! Disparue ! Enlevée ! J'ai trouvé cette lettre.

SOPHIE.

C'était Léonie !

COLARDIN.

Parbleu !

GRINCHON.

Je m'en doutais !

JULIA, à part.

Ça se gâte.

SATURNIN.

Ma future !

SOPHIE.

Où est-elle ?

SCÈNE XIV

LES MÊMES, RAIDILLON, MARCEL, MÉDÉRIC.

Marcel entre de droite, premier plan, suivi de Raidillon qui porte le basson.

RAIDILLON, à Marcel.

Merci encore !

* Julia, Colardin, Saturnin, Sophie, Grinchon.

COLARDIN.

Nous allons le savoir. (Il va à Marcel qu'il prend par le collet et qu'il amène au milieu de la scène *.) Où est ma fille ?

SOPHIE.

Réponds donc, gommeux !

RAIDILLON, à part.

Ils vont me l'abîmer !

Il va poser son basson sur le bureau. Médéric entre au fond.

MARCEL, bousculé.

Votre fille ?... Elle est là !...

Il regarde autour de lui.

COLARDIN et SOPHIE.

Où là ? où ?

MARCEL.

Je l'avais laissée avec son mari.

COLARDIN, désignant la cellule.

Avec son mari ?... Alors, elle est là !

RAIDILLON, criant, à Médéric.

Il y a une femme avec le prisonnier ! Ouvrez !

Médéric va ouvrir la cellule. Il est suivi par Colardin, Sophie, Saturnin, Marcel et Raidillon. — Restent en scène, premier plan, Grinchon et Julia.

COLARDIN, à Sophie, en remontant.

Heureusement que c'était sa femme !

GRINCHON, ricanant, à Julia.

Puisque ce n'était pas votre mari, alors ?... C'est le moment de le dire, ce fameux mot.

JULIA, froidement, venant à lui.

Je vais vous le dire... Ce n'était pas moi... C'était Adélaïde, ma sœur !

* Julia, Colardin, Marcel, Sophie, Grinchon, Raidillon.

GRINCHON, stupéfait.

Sa sœur !

SCÈNE XV

Les Mêmes, FERNAND, LÉONIE.

LÉONIE, entrant, suivie de Fernand *.

Maman !

SOPHIE, embrassant Léonie.

Ma fille !

COLARDIN, à Fernand, avec une feinte colère.

Comment se fait-il, monsieur ?... (Changeant de ton.)
Dans mes bras, mon gendre !

FERNAND.

Vous auriez dû commencer par là.

SATURNIN.

Je redeviens garçon, moi ! O mes rêves !

GRINCHON, à Julia, en lui montrant la photographie qu'il a
tirée de sa poche.

C'est votre sœur, ça ?

COLARDIN, qui a entendu, à part.

Sa sœur ? Oh ! très malin !

JULIA, à Grinchon.

Regardez donc les cheveux... Je suis blonde, moi ;
la personne qui est là est-elle blonde ?

GRINCHON.

Je ne vois pas, elle a un chapeau de paille.

* Marcel, Saturnin, Médéric au fond, Sophie, Léonie, Fernand, Colardin, Julia, Grinchon, Raidillon.

COLARDIN, qui s'est approchée depuis un instant à Grinchon.

Eh ! bien, si elle n'en avait pas, tu verrais qu'elle est brune.

GRINCHON, convaincu.

C'est vrai ! Ah ! Julia !

Il l'embrasse.

RAIDILLON, qui est remonté descendant au milieu, furieux*.

Ah ça, est-ce que ça va durer toute la nuit, cette existence-là ?

MÉDÉRIC, au fond, annonçant.

Voilà M. le juge de paix !

RAIDILLON.

Enfin ! (Tirant sa montre.) J'arriverai à temps. (A Colardin.) C'est égal, il aurait bien dû venir plus tôt.

COLARDIN.

Nous ne le regrettons pas, car, sans vous, nous ne serions jamais sortis de cette affaire-là.

* Marcel, Saturnin, Sophie, Léonie, Fernand, Raidillon, Colardin, Julia, Médéric, au fond.

Rideau.

FIN

Imprimerie générale de Châtillon-sur-Seine. — A. Pichat.

A LA MÊME LIBRAIRIE :

IMPRIMERIE GÉNÉRALE DE CHATILLON-SUR-SEINE. — A. PICHAT

www.ingramcontent.com/pod-product-compliance
Lightning Source LLC
Chambersburg PA
CBHW050020100426
42739CB00011B/2730